AF391007

et après la messe il la fesoit dansér.

LA VIE ET L'ŒUVRE

DE

FEU L'ABBÉ BAZIN,

ÉVÊQUE DE MIZOURA EN MIZOURIE.

Ride si sapis......

PARIS.

AN VII.

AVERTISSEMENT
DE L'ÉDITEUR.

Nous croyons rendre un service à la révolution, aux littérateurs, à la philosophie, en publiant un ouvrage, graveleux à la vérité, mais dont la morale est pure.

Nous ignorons si l'auteur vit encore, probablement il n'existe plus ; il eût profité de la liberté dont nous devons la jouissance au nouveau système de gouvernement, pour faire paraître un ouvrage où tous les préjugés de l'ancien régime sont renversés par les graces armées de la massue d'Hercule.

L'auteur, avec lequel nous avons passé une partie de notre jeunesse, nous donna, il y a trente ans, une copie de ce charmant ouvrage ; il

A 3

voulut le faire imprimer, mais le despotisme, qui étranglait le génie et qui voulait empêcher la lumière philosophique de jaillir, ne permit pas à notre ami de faire paraître un bon livre de plus.

Si M. V.... n'existe, il apprendra que notre amitié et notre estime sont toujours les mêmes ; s'il n'est plus, c'est un hommage que nous rendons à sa mémoire, dont le souvenir sera aussi cher à la postérité qu'il l'est à nos cœurs.

INTRODUCTION.

Sous une enveloppe très-gaie, et même un peu graveleuse, cet ouvrage renferme une morale pure, des idées philosophiques, quelques remarques dont la révolution actuelle prouve la justesse.

Jeune homme, lisez et riez; relisez et réfléchissez, vous n'aurez peut-être pas perdu votre temps à parcourir les chapitres suivans.

LA VIE ET L'ŒUVRE

DE

FEU L'ABBÉ BAZIN.

—————

CHAPITRE PREMIER.

De sa jeunesse.

Paul *Bazin*, ou *Bazing*, se trouva à l'âge de dix-huit ans, sans père ni mère, avec vingt mille livres argent comptant, une maison rue Jean-Saint-Denis, un tuteur insouciant, une bonne éducation, une jolie figure, une ame franche et naïve.

Bazin allait au café Mititaire ; on

n'y parlait ni de vers ni de littérature ; *Bazin*, qui aimait l'un et l'autre, n'y retourna plus.

Bazin s'en fut à l'Opéra ; la musique était admirable, les décorations étonnantes ; ce spectacle était comme on sait, le spectacle par excellence, celui des gens de la cour, de la bonne compagnie, dont tout l'univers connaît la délicatesse du goût : *Bazin*, qui n'avait que du bon sens, s'y ennuya, et il n'y retourna plus.

Il se transporta à la comédie italienne, dont pas un des acteurs n'a peut-être jamais vu l'Italie, et il fit connaissance avec une jolie danseuse, avec des poëtes remplis d'esprit, et *Bazin* s'amusa prodigieusement.

Contre l'ordinaire, *Bazin* devint amoureux de *Lucette*, (c'était le nom de la jolie danseuse) après lui avoir fait ce qu'à dix-huit ans l'on fait à une danseuse ou autre, rue *Jean-Saint-Denis*.

Lucette, à l'âge de quinze ans, était brune, vive, charmante ; elle possédait un jarret étonnant, et, ce qu'on aura peine à croire, un cœur tout neuf ; elle devint folle de *Bazin*, et elle soupait souvent rue Jean-Saint-Denis, avec les comédiens, comédiennes, poëtes, chanteurs du théâtre italien, chez son bien-aimé.

Cette société dura autant que les vingt mille livres de *Bazin*, et se dissipa lorsqu'il fut sans le sou.

Bazin vendit sa maison au bâtonnier de l'ordre des avocats, homme dont la probité n'est pas équivoque, puisqu'il était bâtonnier ; ce bâtonnier, donc, la lui acheta douze mille livres, et ne lui donna que cent pistoles, qui furent employées à payer le traiteur et le marchand de vin.

Bazin se trouva précisement dans le cas de beaucoup de gens de ma connaissance, sans argent et sans moyens de s'en procurer. Plus d'un grand homme, faiseur de tragédies, d'opéras, de comédies, s'est trouvé fort embarrassé dans pareille circonstance ; ainsi je ne surprendrai point le lecteur quand je l'assurerai que *Bazin*, qui n'avait fait encore qu'un logogriphe, était dans la plus grande détresse.

CHAPITRE

CHAPITRE II.
La Guerre.

Bazin allait chez *Lucette* lui conter sa déconvenue, lorsqu'il rencontra un sergent d'infanterie, qui logeait dans la maison dont il était l'ancien propriétaire, et qui lui devait son loyer. Le sergent, loyal et généreux, invita son ci-devant hôte à déjeûner ; ce dernier, en buvant et mangeant, raconta sa lamentable histoire : l'officier subalterne lui proposa de prendre parti, et l'assura qu'il serait distingué par un galon d'or sur la manche. Mais, dit *Bazin*, y a-t-il des poëtes à l'armée ?... Par la mort, répliqua le sergent, s'il y en a, je vous en réponds. Dans quel genre, demanda *Bazin* ? Dans quel genre morbleu, dans le genre militaire. — y

B

fait-on des tragédies ? — O que oui ! et de terribles , encore ; et il versait à boire à *Bazin* qui questionnait , questionnait ! .... lorsque le défenseur de l'état lui dit : vous autres poëtes , vous aimez les grandes choses ; faut boire à la santé du ... *Bazin* prit son verre , étendit le bras , poussa un profond soupir et s'endormit subitement. Le recruteur, profitant du sommeil, fit enlever notre ami , et le fit porter dans une chambre que l'on appelait noblement un four. Le lendemain le somnifère ayant achevé son effet , *Bazin* ne s'achant où il était , comment il se trouvait là, faisait sur son aventure des réflexions à-peu-près semblables à celles de nos maîtres en théologie sur le libre arbitre ; il raisonnait comme nos philosophes sur la nature de l'âme ; il concevait parfaitement qu'il était dans une chambre obscure , mais il ne pouvait comprendre comment il s'y trouvait.

Ses réflexions furent interrompues par l'arrivée d'un soldat et cinq à six gredins revêtus , portant la cocarde au chapeau et dindons au bout de l'épée , ils entrèrent dans la chambre où gissait le raisonneur ; tous ensemble , et sans employer la moindre figure de réthorique , lui firent boire un coup , manger du dindon , prendre une cocarde et partir par le chemin qui conduit de Paris à Lille.

Arrivé dans Lille , l'on habille *Bazin* , d'un habit très-étroit , qui le gênait beaucoup ; on le fit tourner à droite , à gauche ; ou le fit aller en avant , en arrière et de côté ; on lui fit rapprocher ses deux pieds l'un de l'autre ; on lui fit faire , dans cette attitude gênante , une pirouette entière ; il tomba, on le mit en prison.   B 2

Bazin se disait en lui-même : une chose admirable sans doute est la tactique ; je comprends bien cela, je conçois pourquoi je perds l'équilibre en tournant rapidement ; je sens qu'une chûte est la suite nécessaire de la perte de mon aplomb, mais je ne puis imaginer pourquoi je suis en prison !

Quatre jours après on donna à *Bazin* un mousquet, une giberne, un sac pour porter ses guenilles. On lui dit qu'on allait en Allemagne ; il arrive, l'on combat, l'armée est battue ; le régiment dans lequel servait *Bazin*, fut très-maltraité. Notre héros avait déployé une valeur, montré un sang-froid étonnant dans un jeune homme nouveau soldat.

La vérité que doit professer tout historien, m'oblige de dire le motif du courage de *Bazin :* il s'ennuyait du métier qu'il faisait ; il avait pris son parti, d'être tué, ou d'obtenir, par qnelque vigoureuse action, son congé, récompense que desire ardemment un soldat qu'on a forcé de l'être.

Effectivement, son colonel, enchanté de sa vaillante conduite, lui proposa de le faire officier ; non, dit *Bazin*, cent écus et mon congé, voilà tout ce que je souhaite. On parla de la gloire, de la fortune..... de la fortune d'un officier. *Bazin* fut insensible à tous ces avantages ; on lui donna ce qu'il demandait.

Bazin partit pour Paris, mangea ses cent écus en route, puis il composa un mémoire sur les enrôlemens, et l'on prit son mémoire, l'on profita des grandes vues qu'il contenait et l'on oublia l'auteur.

Si *Bazin* eût possédé vingt sous, il aurait été à la comédie italienne ;

comme il n'avait point fait de compliment, il ne pouvait avoir ses entrées ;
il borna donc ses amusemens au café
militaire , car depuis qu'il avait été
soldat, ce lieu l'ennuyait un peu moins.

CHAPITRE III.

La Danseuse.

Il était trois heures, *Bazin* n'avait pas dîné , il ne prévoyait pas même qu'il pût faire cette bonne œuvre dans le reste du jour, lorsque par bienséance il fut forcé de quitter le café militaire ; il était donc dans là rue Saint-Honoré , faisant semblant de se curer les gencives ; il fut obligé de se coller contre le mur , afin de n'être pas écrasé par un équipage leste , doré , brillant , dans lequel était à demi-couchée une jeune personne plus brillante encore : c'était *Lucette*. Chose étonnante ! incroyable ! et qui ferait peut-être passer ce que j'écris pour un conte (si ma véracité n'était connue): l'actrice jolie fit arrêter sa voiture , fit monter *Bazin* qu'elle reconnut , malgré sa maigre figure et son triste habit noir. Eh ! bon jour, mon cher , lui dit-elle : qu'êtes-vous devenu depuis dix-huit mois ? Belle *Lucette* , répondit *Bazin* , pour vous avoir donné à souper à vous et à mes amis , je n'ai pas eu de quoi déjeûner ; je me suis endormi dans un cabaret , je me suis réveillé dans un galetas nommé four , l'on m'a conduit à Lille , j'ai fait l'exercice , je suis tombé , l'on m'a mis en prison ; ils m'ont mené en Allemagne , je me suis bien battu , l'on m'a donné pour récompense cent écus et mon congé ; alors j'ai composé un excellent mémoire : le ministre l'a trouvé fort bon , et m'a oublié ; je suis sans le sou , et qui pis est , à jeun. Mais vous, ma belle amie , quels ont été vos amusemens depuis nos soupers ? C'est ce que je vous apprendrai, mon cher, lorsque vous aurez mangé un morceau dans ma petite maison.

Bazin et *Lucette*, à peine arrivés dans le petit palais, faux-bourg Saint-Honoré, se mirent à table ; le dîner fini, *Lucette* fit passer son ami dans un salon où la richesse cédait au goût ; assise sur un sopha, dont les coussins avaient été remués par la volupté, elle s'exprima ainsi : cette maison, ces glaces, ces meubles, mon tout aimable, je les tiens de l'amant le plus passionné: c'est un évêque tout rond, gros, court, qui m'entretient, qui m'adore, et que je déteste. Tu sais maintenant mon histoire ; mais dis-moi, que veux-tu faire ? Moi, dit *Bazin*, boire, manger, vous aimer, vous le prouver surtout, avant ou après vous avoir vu danser à la comédie italienne. Tout cela est facile, répondit *Lucette* : je te présenterai à mon gros évêque, il te donnera un bénéfice, et nous nous verrons tous les jours. Après bien d'autres propos, l'heure de souper arriva ; après souper, *Lucette* et *Bazin*..... Mais malheur à qui dit tout, c'est l'apoptème d'un grand homme.

Le lendemain, *Lucette* présenta *Bazin* à ses camarades ; il fut embrassé, fêté dans les foyers, et le souffleur, le secrétaire de la compagnie, le moucheur de chandelles et messieurs les gratis vinrent lui faire leurs complimens ; après l'opéra comique ou non comique, *Lucette* mena deux de ses compagnes et *Bazin* à sa petite maison.

CHAPITRE IV.
Les Evêques.

LE gros évêque et deux monseigneurs attendaient les dames en parlant de la pureté des mœurs, de la musique de Gluck, de la liberté de l'église gallicane et de la cherté des chevaux. *Lucette* en entrant présenta *Paul Bazin*, qu'elle dit être son parent ; elle pria sa grandeur de faire quelque chose pour lui : l'évêque répondit qu'il le destinait à être son aumônier. Mais, monseigneur, dit naïvement *Bazin*, je ne suis pas prêtre ! — Eh bien, vous le deviendrez. — Mais, monseigneur, je ne suis pas diacre ! — Vous le serez. — Mais, monseigneur, je ne suis pas même tonsuré ! — Eh mort ! l'on vous tonsurera ; et si vous êtes dans une disette absolue de sacremens , l'on vous baptisera , dit monseigneur que le dialogue ennuyait ; il demanda tout de suite à souper.

Bazin sortit à huit heures du matin, avec monseigneur , qui le porta dans sa voiture grise , et le conduisit à l'hôtel. Monseigneur, après avoir dormi , prit deux tasses de chocolat ; il fit revêtir l'aumônier *Bazin* d'une soutane , et alla confirmer à Trenelle , de jeunes et jolies personnes d'un certain rang. Après avoir confirmé, et dîné très-amplement (ce qui est la suite du sacrement de confirmation) monseigneur remonta dans sa berline ; chemin faisant , il dit à *Bazin :* saurais-tu faire un mandement? — Oui , monseigneur, j'ai étudié chez les R. R. P. P Jésuites. Eh bien ! dit sa grandeur , fais-moi une belle instruction pastorale sur les livres impies qui paraissent ; et *Bazin* composa une élo-
quente

quente diatribe contre les philosophes, la philosophie et la raison ; ce mandement fut publié et affiché, mais il ne fut lu que des gens du roi, qui le dénoncèrent, et du bourreau qui le brûla. *Bazin*, eut cent louis pour son instruction pastorale, et monseigneur fut exilé dans son diocèse : et voilà *Lucette* et l'ami *Bazin* sur le pavé.

CHAPITRE V.

Les Financiers.

La figure de *Lucette*, et sur-tout sa qualité de danseuse, lui procurèrent M. *Duret*, fermier-général : celui-ci, aussi gros que monseigneur, mais bien plus usé, étoit autant jaloux que sa grandeur l'étoit peu ; car, quoiqu'en disent les philosophes et le troupeau des détracteurs de la religion, rien n'est plus tolérant pour les filles que nos seigneurs du clergé.

Lucette usa de précaution pour lier la connaissance entre M. *Duret* et *Bazin* ; malgré la véracité de ce dernier, il se fraternisa avec la danseuse, et il obtint un bel emploi à l'hôtel des fermes ; et comme il n'avait rien à faire dans son bureau, il composa une tragédie qu'il eut l'honneur de présenter à MM. les comédiens français. Sa pièce fut lue à la sollicitation de *Lucette*, très-applaudie de la savante compagnie; le public ne fut pas du même avis, et la siffla. Oh! oh! se dit *Bazin*, le goût a dégénéré, le siècle tend à la barbarie ; on est blasé sur les chef-d'œuvres, et *Bazin*, qui était sifflé, de plus, commis, devint frondeur, insolent, méchant, et M. *Duret* le chassa à cause de ses sarcasmes, et quitta *Lucette* à cause de la fraternité.

Bazin, piqué au vif, fit une épigramme en quinze cent vers contre la finance ; les vers furent admirés, ils eurent la plus grande vogue, mais les financiers n'en conservèrent pas moins leur crédit, de la considération ; ils eurent toujours de beaux chevaux, d'excellentes cuisines, et les filles les plus jolies pour maîtresses.

Le caractère naïf et bon de *Bazin* reprit le dessus , par le succès d'un opéra très – comique qui fit pleurer toute la France , tant il imitait le genre anglais : *Bazin* fit imprimer son œuvre, le public l'accueillit , et les journalistes le déchirèrent.

CHAPITRE VI.

L'Angleterre.

LUCETTE n'avait point d'amant en titre ; quelques soupers la faisaient dîner avec *Bazin* qui imagina de devenir philosophe. Il composa un livre très-savant contre la religion ; la vogue de ce livre, qui fut débité sans approbation ni privilège, le mit en goût ; il en fit un contre les prêtres ; il disait de grandes vérités. Heureusement il vivait dans un siècle de lumières et dans le beau pays des Français, il ne fut que décrédité, blâmé, aumôné, puis banni.

Il s'avisa d'aller en Angleterre ; il s'attacha en qualité de valet-de-chambre-secrétaire, à milord *Goodman*.

Goodman était un véritable Anglais,

triste, savant, humain, dur, généreux, adorateur de sa patrie, méprisant son roi, et le servant avec un désintéressement assez rare en France.

La sœur de *Goodman* se nommait *Jenny*, tendre, fière, belle, douce ; elle avait voulu apprendre le français, non par goût pour la nation française, mais par air, par ton : et c'était pour la satisfaire que milord avait pris un valet-de-chambre-secrétaire français.

Bazin, par sa franchise, parvint à plaire à ses maîtres ; il les contrariait cependant lorsqu'il disait du bien de son pays, lorsqu'il prétendait que la liberté anglaise, si vantée, n'était que licence dans le peuple, et chez les grands le privilège de vendre la nation au caprice du ministère ; toutefois il était fort aimé de *Goodman*, plus encore de la belle *Jenny*.

Ceci est bien singulier, se disait-elle à part, ce français me plaît, et ce qui est extraordinaire, il raisonne passablement, et cet être n'est pas anglais.

Bazin réfléchissait à sa manière ; *Jenny* est belle, je l'aime, rien de plus naturel...... mais elle est d'un rang... qu'est-ce que le rang aux yeux d'un philosophe ? Tous les hommes ne sont-ils pas égaux ?.. La séduirai-je ?.. Pourquoi pas ... mais c'est la sœur de mon protecteur... qu'importe ... je l'aime ; elle m'aimera (ce raisonnement est un gallicisme philosophique) ; elle aura du plaisir ; or c'est être reconnaissant que de procurer du plaisir à la sœur de son bienfaiteur. Ainsi raisonnait l'ami *Bazin* lorsqu'il recontra *Jenny* dans le parc ; les belles sont sujettes à des caprices, l'anglaise avait de l'humeur ; *Bazin* s'en ressentit, son goût n'était pas bien vif ; la femme - de - chambre était jolie, le philosophe le lui dit et le lui prouva. Lorsqu'il prenait un jour cette récréation il se sentit appuyer sur les reins de vigoureux coups de canne ; il se releva lestement et il se trouva face-à-face du courrier de milord.

Il voulut avec ses deux poings se dédommager du tort que lui faisait un seul, mais jamais un français (je l'avoue avec peine) ne vaudra un anglais dans les combats de lutte. L'honnête femme-de - chambre sépara les deux champions , et *Bazin* se retira philosophiquement.

Milord sut l'histoire ; il fit venir *Bazin*, lui donna cent guinées, et lui commanda, d'une manière anglaise, c'est-à-dire durement , de quitter son hôtel sur-le-champ , et Londres dans vingt‑quatre heures. On prétend que *Jenny* a eu beaucoup de part à ce renvoi ; quoiqu'il en soit, *Bazin* obéit ponctuellement.

CHAPITRE VII.

L'Italie.

BAZIN de retour en France , se rappella qu'il avait été aumônier ; il reprit l'uniforme sacré ; il alla rendre ses respects à monseigneur que l'on avait fait cardinal , alors que lui, chétif, était décrédité.

Monseigneur sortait de table , le moment était propice et *Bazin* le suivit à Rome, où son éminence devait être un des organes du saint-esprit, pour élire un pape à force de brigues ; monseigneur dormait dans sa voiture, et *Bazin* raisonnait ainsi en lui-même.

J'avais vingt - mille livres , que l'industrie de mes parens m'avait amassées , et une maison rue Jean-

Saint-Denis ; j'ai mangé tout cela avec des filles qui dansaient ; j'ai été soldat ; j'ai eu cent écus et mon congé ; j'ai fait une instruction dans le genre pastoral, qui a été brulée et qui m'a valu cent louis ; j'ai fait une mauvaise tragédie, qui a été siflée ; un bon opéra comique, que l'on a critiqué ; un livre contre la religion, qui m'a produit autant d'argent que ma pastorale ; un livre contre les prêtres qui m'ont pastoralement fait décréditer, blâmer, aumôner et bannir ; j'ai été en Angleterre, où j'ai reçu des guinées et des coups de canne ; et me voici dans le carosse de monseigneur, sur le chemin de Rome, pour élir un pape..... Mais qu'ai-je fait pour l'humanité, ai-je été utile ?..... Le laboureur qui cultive, vaut mieux que le philosophe dont les écrits, semblables à des feux-folets conduisent dans des précipices, car, si la religion est une chimère, si l'ame est mortelle, la créance opposée sert de frein à beaucoup de sots qui redoutent peu la mort, et craignent prodigieusement le diable; j'ai donc fait mal d'écrire contre le culte reçu, ainsi se disait *Bazin* : j'ai eu tort de barbouiller du papier, j'aurais mieux fait de soulager, avec mes vingt mille livres, de pauvres citoyens, que de régaler des poëtes sifflés qui ne sont ni utiles ni nécessaires; j'aurais mieux fait de nourrir des cultivateurs, qui m'auraient enrichi, et contribué au bien général ; j'aurais mieux fait de prendre une charrue, au lieu de philosopher ; si je peux gagner quelqu'argent à élire un pape, je me promets bien de rendre plus de services à la patrie. Afin de me délasser, je pourrai, après avoir travaillé pour le bien public, faire venir,

le

le soir , *Lucette* , et la . . . . . faire danser.

En raisonnant ainsi , *Bazin* et monseigneur se trouvèrent à Monte-Cavallo, et son éminence se reposa pendant vingt-quatre heures , d'un sommeil de huit jours , et il entra au conclave avec *Paul Bazin*.

Bazin aperçut , dans le conclave , beaucoup de finesse , d'astuce , de politique , d'intrigue , et peu ou point de philosophie , et il renonça à l'étude de la sagesse pour s'appliquer aux affaires, et il s'attacha au cardinal *Sacripanto-Sacripanti* , qui fut élu pape ; et lorsqu'on eut regardé par la chaise percée s'il pouvait être pape , lorsqu'on eut brûlé de la filasse sous le nez du saint père *Sacripanto-Sacripanti*, lorsqu'on l'eut adoré , *Bazin* baisa les pieds de sa sainteté , et il eut quarante mille indulgences et vingt mille florins d'or ; monseigneur le laissa dans Rome pour veiller aux affaires de France, et l'abbé *Bazin* ramassa une quantité suffisante de florins, et il devint l'ami de monsignor *Occidento*, inquisiteur ; et sa sainteté lui conféra l'évêché de *Mizoura* en *Mizourie*.

Monsignor de Mizoura accompagnait monsignor *Occidento* dans les prisons de la sainte inquisition, et après que l'on eut condamné trois philosophes, deux pères de l'Oratoire et six juifs à être brûlés, monsignor *Occidento* interrogea un anglais et une anglaise ; et *Bazin* reconnut milord *Goodman* et miss *Jenny*.

Milord reconnut *Bazin*, et suivant l'usage anglais, il ne déserra pas les dents. Monseigneur de *Mizoura* sut bientôt que ses anciens maîtres étaient là, parce que le cardinal *Passionei* avait trouvé l'anglaise plus blanche que la *cabra bianca delle sua éminentia*, et que *Jenny* avait méprisé le cardinal et sa tendresse.

L'air que l'on respire en Italie est un air fin et délié: *Bazin parla à une éminence, au valet de garde-robe du saint père*, à un récolet, au bourreau, au père confesseur, à une courtisanne, à un ministre, à un musicien sans barbe, et milord et *Jenny* furent mis en liberté. Ils quittèrent le pays des Césars, des prêtres, des chévres, des éminences et des musiciens sans barbe, et ils s'en allèrent sans voir *Bazin.*

CHAPITRE VIII.

Le Bonheur, s'il y en a.

Bazin n'était plus philosophe, mais il était devenu un homme de bien, et il ne s'occupa point de l'indifférence des anglais ; il avait acquis un évêché, de grands biens, il était heureux; *Lucette,* cependant, manquait à son bonheur, et le souvenir de sa patrie altérait la jouissance de ses richesses : heureusement les jésuites furent chassés, comme chacun sait, de l'Europe entière ; le pape *Ganganelli* composa un beau bref contre saint Ignace, et *Bazin* fut chargé d'apporter le diplôme du saint père en France ; il fut reçu avec beaucoup de bonté du fils aîné de l'église, avec beaucoup de dignité de nos seigneurs du parlement , que le souverain et le peuples aimaient fort peu , et *Bazin* fut loué , chanté par tous les jansénistes , qui firent des convulsions à son arrivée, et l'auteur de la *Gazette ecclésiastique* rima une ode où il compara monseigneur de *Mizoura* à l'anesse de Balâam.

M. l'abbé *Bazin* , car c'est le titre modeste qu'il prit en France, acheta un hôtel faubourg Saint-Germain ; il exigea que *Lucette* quittât la comédie Italienne ; la jolie danseuse devint sa gouvernante , et après la messe , l'abbé la . . . . . faisait danser.

Bazin s'occupait le matin à travailler pour le bien public, et c'est à ces heures si précieuses que nous devons le fameux poëme de VALENTINE, que nous donnons au public ; *Bazin* n'admettait point d'auteurs à sa table, parce que

D 3

ces messieurs sont trop hargneux ; il ne recevait point de philosophes, parce qu'ils déclamaient contre la religion ; il ne voyait aucun prêtre, parce qu'il aimait la paix et sa gouvernante ; on ne rencontrait dans sa maison que de bonnes gens fort gaies, qui *lui* aidaient à faire le bien ; et l'abbé *Bazin* soulageait les pauvres filles de tout son pouvoir, et enfin il mourut en sortant de table. Il avait fait un testament, par lequel il ordonna qu'en sa qualité d'académicien, il fût enterré aux carrières de Montmartre, afin qu'après sa mort il n'empoisonnât point les vivans.

VALENTINE,

POEME.

INTRODUCTION
AU POEME DE VALENTINE.

FEU M. l'abbé BAZIN eut, à l'occasion du poëme que vous allez lire, la conversation suivante avec le révérend père HONESTO, confesseur du pape GANGANELLI :

Bazin. « Eh bien ! vous avez » lu mon poëme, comment le » trouvez-vous ?

Honesto. « Très-bon, écrit » chaudement, d'une manière » poëtique, mais... mais...

Bazin. « Que voulez-vous

» dire : mais, mais; que signi-
» fient ces mais ?

Honesto. « Vous avez des
» mœurs, et vous publiez un
» poëme impie, obscène.

Bazin. « L'Arioste a été lu
» du pape, applaudi par plus
» d'un cardinal; Lafontaine
» était un homme honnête, il a
» composé des *Contes* qui sont
» lus de tout le monde ; *la*
» *Pucelle*, de M. de Vol-
» taire.....

Honesto. « Vous me citez de

» grands hommes ; ils ont donné
» de mauvais exemples , avez-
» vous raison de les imiter ? »

J'écoutais cette conversation,
et malgré toute mon amitié pour
l'abbé BAZIN , j'étais de l'avis
du R. P. HONESTO ; cependant
le poëme est bon , vous allez le
juger.

VALENTINE.

CHANT PREMIER.

Naissance de VALENTINE. — *Vision prophétique de ma tante.*

Vous fréquentez la comédie,
Vous avez maîtresse jolie,
Vous aimez les vers, les romans,
Et *la Pucelle d'Orléans* ;
Puis vous faites de la musique,
Des chansons, pas un seul cantique.
Cela n'est pas bien, mes amis.
Jamais vous ne serez admis
Dans le sein du père céleste.
Pour éviter ce sort funeste,

Fuyez poëtes et catins,
L'amour, la danse, les festins;
Fuyez cette joyeuse bande,
Apprenez la sainte légende.
Fi d'un repas trop enchanté,
Dites le *benedicite*;
Mais sur-tout révérez l'église;
Ne raillez de la barbe grise
Du plus dégoûtant capucin;
La bonne odeur d'un libertin
Est un fort grand péché, mon frère :
Pacôme, le révérend père,
Puait, mais dans le paradis
Il alla droit de son taudis.
Si vous voulez devenir sage,
Lecteurs, parcourez cet ouvrage,
Qu'écrivit jadis un chrétien,
Lequel était homme de bien;
C'est l'histoire de ma cousine;
Elle se nommait *Valentine*.
Avec le secours du seigneur,

Vous

Vous apprendrez par quel bonheur,
Ayant perdu son pucelage,
Elle fut et dévote et sage.
Non loin de Caën, certain baron,
Ayant ame honnête, esprit rond,
Gros revenu, femme jolie,
Passait tout doucement sa vie ;
Il se levait très-grand matin ;
A sept heures, un capucin,
Qui paraissait plein de sagesse,
Pour vingt sols célébrait la messe ;
A huit heures, l'on déjeûnait
Chez madame, en son cabinet ;
Le révérend *Bonaventure*,
A neuf faisait une lecture,
Et depuis dix jusqu'à midi,
Cet intervalle était rempli
De soins, d'affaires du ménage
(Ainsi fait toute femme sage).
Après dîner l'on digérait,
Puis visites l'on recevait ;

Puis le soir ayant quitté table,
Le couple digne et respectable,
Au lit bénissait le seigneur,
Qui songeant à notre bonheur,
Institua le mariage.
Ce sacrement permet l'usage
D'un plaisir fort court, mais bien doux.
O libertins ! soyez jaloux
De ceux que notre seigneur aime,
De leur félicité suprême ;
Oui, les femmes vous damneront
Alors qu'elles les sauveront,
Et que dans leurs bras, plein de joie,
Le paradis sera la proie
Du juste qui, dévotement,
Songeant à dieu, fait un enfant.
Mes frères, dieu vous convertisse
D'après un si saint exercice.
La baronne, dans son château,
Mit au monde un être nouveau.
Quoique ce ne fût qu'une fille,

Elle s'annonçait si gentille ,
Que mon cher oncle le baron
Régala ses gens d'un jambon ,
Et le cœur rempli d'allégresse ,
Fit chanter *Te Deum* et messe ,
Afin que notre doux sauveur
Du bambin fût le protecteur.
Lorsqu'on fit la cérémonie
Qui donne l'éternelle vie,
Le baron , dans ce saint moment ,
Ne croyait pas que son enfant
Trahirait les vœux du baptême ,
Serait quelques jours anathême ,
Et que , malgré sa qualité ,
Elle vivrait sans chasteté.
Ne nous attristons pas d'avance ;
En dieu mettons notre espérance ;
Le plus juste tombe sept fois ;
Jésus nous l'a dit autrefois.
Si Dieu veille sur *Valentine* ,
Devint-elle une libertine ,

E 3

Dieu saura bien la corriger ;
La grace la fera changer ,
Et tout bon chrétien doit le croire.
Poursuivez , lecteur , cette histoire.
Ma chère tante eut dans son lit ,
Un beau songe , rêve bénit ,
Vision très-miraculeuse ,
Du bon dieu , faveur précieuse ;
Elle vit , ou crut voir l'enfant
Dans un palais de diamant ,
Brillante était l'architecture ;
L'art , le goût , la belle nature
Se réunissaient en ce lieu ,
Sur-tout un salon camaïeu ,
Embelli de la porcelaine ,
Qu'on fabrique au bord de la Seine ,
Ravit tous ses sens étonnés ;
Des parfums embaument son nez,
Ils partaient d'une cassolette ;
Tout près était une toilette :
Plus loin , sur quatre pieds monté ,

S'élève, pour la propreté,
Le meuble le plus magnifique;
Il est d'une forme éliptique,
Un drap que la Frise a tissu
Légèrement s'étend dessus.
Dans le cas de notre baronne,
La plus vertueuse matrone
Use du meuble, et fort souvent;
Aussi, sans aucun compliment,
La mère de mon héroïne,
Soit par besoin, soit par routine,
Allait enfourcher le bidet
Lorsqu'un ange l'arrêta net;
La cuvette est, dit-il, sacrée,
Et la vierge s'est essuyée
Avec ce doux et fin chauffoir;
Il serait indécent de voir
Le sang vil d'une créature
Souiller cette sainte texture.
Révérez ce linge précieux,
Prévoyez un tems malheureux,

Tems d'ivresse où l'amour domine ;
Alors que votre *Valentine*
Pourra se servir d'un chaufoir ,
Prenez-y garde. . . . . Adieu , bon soir.
Ma tante , étant fort effrayée ,
Se réveilla toute mouillée.
Ici , tout me paraît humain ,
Dira le raisonneur mondain ;
Du même objet l'ame agitée ,
Nuit et jour en est occupée :
La fille rêve à son amant ,
La mère songe à son enfant ;
Ainsi , de tout raille l'impie ;
Il brave et *Jésus* et *Marie* ;
Des saints se moque , ne croit rien ;
Vit gaiement et meurt comme un chien ;
Mais l'enfer sera le partage
Du railleur qui se croit un sage.
Ma tante conte à son mari
Sa vision et son souci :
Quoi donc ! ma chère *Valentine*

Serait , dit–il , une coquine ?
Madame , c'est un songe creux ,
En honneur , il est malheureux
Qu'un rêve plat vous épouvante ;
Dormez , que rien ne vous tourmente ;
Je suis son père , et vive dieu ,
Qu'elle aille droit. . . . . ou ventre bleu !
Ne jurez donc pas , ma chère ame ,
Invoquons plutôt notre-dame.
Mon bon oncle s'agenouilla ,
Et le rosaire récita ,
Priant pour l'honneur de sa fille ,
Pour lui , sa femme et la famille.
Mes chers amis , la piété ,
Souvent , est jointe à la gaieté ;
Le saint roi dansa devant l'arche ,
Et *Jacob* , ce bon patriarche ,
Donnait souvent un beau festin
Où l'on n'épargnait pas le vin ,
Alors qu'en Mésopotamie
Il festoyait sa bonne amie :

Tel fut le généreux baron ;
Il fit vuider plus d'un flacon ;
Le curé , le noble compère ,
Tout se grisa , jusqu'au vicaire ;
Puissiez-vous , ainsi , lecteurs ,
Vous réjouir dans le seigneur.

CHANT II.

Naissance d'ANTOINE. — Péché énorme de monsieur le baron.

CELUI qui créa la nature,
Cette source féconde et pure
De tous les biens que nous goûtons,
Et dont souvent nous abusons,
Mit dans nos cœurs ces douces flames
Qu'avec nous partagent les dames.
Louange à toi, divinité,
Qui protèges l'humanité,
Qui, malgré la fatale pomme,
Procuras du plaisir à l'homme :
Usons-donc, ô mes chers amis,
De tous ceux qui nous sont permis.

Conformons-nous à la méthode
Prescrite dans le divin code :
L'œuvre de chair satisferas ,
Lorsque marié tu seras ;
Oui , mes frères , ce saint précepte ,
Du vrai bonheur est la recette ,
Et dieu n'était pas en couroux
Lorsqu'il fit ce plaisir si doux ;
Satan fut l'inventeur d'un autre ,
Et c'est ce sodomiste apôtre ,
L'ennemi de dieu , des humains ,
Qui , chez les grecs , chez les romains ,
Chez nous aussi , mit à la mode
Chose , à mon gré , fort incommode ,
Et c'est lui qui , chez le baron ,
Fit admettre un jeune garçon
Cent fois plus beau que *Ganimède* ;
Il eut , hélas ! un *Nicomède*.
Avec ordre , contons ce cas ,
Qui dans le château fit fracas ;
Fort lamentable en est l'histoire.

Cher lecteur , vous avez mémoire
Du vénérable capucin
Disant la messe le matin :
Ce révérend *Bonaventure*
Avait le soir une autre allure.
Depuis dix-huit ans il couchait
Avec *Jannette Combesait* ;
Fille d'appétissante mine ,
Douce , dévote et libertine ;
De ce commerce clandestin ,
Etait venu petit bambin ,
Que le paillard *Bonaventure* ,
Soigneux de sa progéniture ,
De neveu , lui donnant le nom ,
Fit admettre chez le baron ,
Vers douze ans , à cet heureux âge ,
Où les femmes , nos mœurs , l'usage ,
N'ont point corrompu notre cœur.
Le front orné de la pudeur ,
Parut chez nous le fils du moine ,
Que son père appelait *Antoine*.

Antoine donc était charmant,
Potelé, joli, caressant,
Et son regard était si tendre,
Que nul ne pouvait se défendre
De l'aimer ; aussi le baron,
Ses amis, toute sa maison
Chérissaient notre aimable *Antoine*,
Et se fâchaient contre le moine,
Qui montrait assez durement,
A son cher fils, le rudiment.
Un moine en vain se nomme père,
Il n'en a point le caractère ;
Il est impitoyable et dur ;
Il ne sent rien, soyez-en sûr.
Antoine, dissipé, volage,
Tel que je le fus à son âge,
N'avait point appris sa leçon ;
Le père, sans autre façon,
Lui fit mettre bas la culotte ;
L'enfant, désespéré, sanglotte,
Jette les hauts cris, mais en vain ;

Le

Le moine porte dans sa main
Un instrument épouvantable,
Aux écoliers redoutable.
Cet instrument était pareil
A celui qui rendait vermeil
Le blanc fessier de la *Cadière*;
En même état fut le derrière
Du triste et malheureux enfant,
Qui dans le château va pleurant.
Au bruit de sa déconvenue
Le baron, l'ame toute émue,
Cours, vole adoucir son chagrin;
L'aimable fils du capucin
Lui dit : j'ai la fesse écorchée,
Ma culotte est ensanglantée ;
Lors, succombant à ses douleurs,
Il cessa de verser des pleurs ;
De ses sens il perdit l'usage :
Et voilà mon oncle, peu sage,
Qui le serre bien tendrement,
Le porte en son appartement,

F

Et lui découvre imprudemment
Les deux globes, couleur de rose ;
D'eau de lavande il les arrose :
Puis les arrosant il sentit
De la chair l'aiguillon maudit.
Hélas ! que l'homme a de faiblesse !....
Une douleur plus vive presse
L'enfant, et le fait souffrir.
Monsieur... je... vais mourir,
Vous me tuez... je serai sage...
Ah !.... j'apprendrai toute la page...
Satan triomphe, et le baron,
D'*Antoine* avait fait un gitton.
Bientôt le remords suit le crime,
Il nous rend notre propre estime ;
Le repentir est un bienfait
Qui nous vient de l'être parfait ;
Et c'est de sa divine grace,
Que le plus grand péché s'efface ;
Qu'un scélérat, un franc vaurien,
Peut devenir homme de bien.

Vous apprendrez, dans cette histoire,
Comment dieu sut venger sa gloire
Et le sexe trop offensé ;
Comme il advint que le fessé,
A son tour , fessa *Valentine* ;
Je me tais , l'on sonne matine.

———

CHANT III.

*Pénitence de mon oncle le baron.
Comment Valentine vit l'éxécu-
tion de cette terrible pénitence.*

PARCOURONS l'ancien testament,
Que ce livre est intéressant !
Fuyez, vaine philosophie ;
Cachez-vous, encyclopédie,
Tout est dans mon livre divin :
L'on y voit les effets du vin,
Ceux de l'amour, de la sagesse,
Nos vertus et notre faiblesse ;
L'on y voit toutes les erreurs,
Et tous ces prestiges trompeurs
Nés de nos vaines connaissances ;
L'abus du pouvoir, des sciences,
De la force, de la beauté.
Oh ! combien la divinité

S'y manifeste à chaque page,
Ce livre est la leçon du sage ;
Mes très-chers amis, croyez-moi,
Révérez la vieille loi.
La nouvelle est sûrement bonne,
Mais Jesus, et je m'en étonne,
Renchérissant sur son papa,
Sans savoir pourquoi, tout changea
Le digne père vous présente,
Et l'image est intéressante,
L'honnête tableau d'*Oliba*,
Les cuisses ouvertes d'*Alla*,
Du roi *David* l'incontinence,
Du jeune *Absalon* l'impudence;
Le philosophe *Salomon*,
Des rois le plus grand étalon,
Aussi sot dans sa vieillesse,
Qu'il était sage en sa jeunesse;
Sous des vieillards impuissans,
Laids, maussades et dégoûtans,
L'on voit se débattre *Suzanne*;

Puis, à l'ombre d'un beau platane,
Ce livre montre une catin,
Paillardant, par ordre divin,
Avec un robuste prophête :
L'œuvre fait, baissant sa jaquette,
Il court, par un ordre nouveau,
Engainer un autre foureau
Avec plus de délicatesse ;
L'évangile a moins de finesse,
Du père est l'ancien testament.
Chrétiens, révérons cependant
Ce qu'a fait le fils de *Marie*,
Sur ma foi, très-belle est sa vie,
Sur-tout lorsqu'il se signala,
Ce jour de nôces à Cana,
J'aime fort la Samaritaine,
Et je fais cas de *Magdelaine*.
Être merveilleux et puissant,
Du vieux, du nouveau testament.
Auteur adorable et sublime,
Protèges ces vers que je rime,

Fais que je plaise à mon lecteur,
Et que j'aille jusqu'à son cœur
En lui parlant de *Valentine.*
Vous rappelez-vous, ma cousine ?
Messieurs, ce n'est plus un enfant,
Son minois est appétissant,
Et sa gorge s'est arrondie ;
Sa peau douce, blanche, polie,
Certain œil noir, fendu, brillant,
Annoncent du tempéramment.
Sa démarche est noble, imposante,
Et sa taille est svelte, élégante ;
L'on aperçoit dans son maintien
Tout l'air d'une fille de bien :
Vous aimez la rose nouvelle,
Eh bien ! c'est l'image fidelle
De sa fraîcheur, de sa beauté,
L'aurore d'un beau jour d'été
Est moins belle que ma cousine.
A l'ame de ma *Valentine,*
L'amour est encore inconnu.

F 3

Son cœur naïf, ingénu.....
Que vois-je ! ses traits se flétrissent,
Ses couleurs si fraîches jaunissent,
Et ses beaux yeux n'ont plus d'éclat :
Soyez sensible à son état.
Mais de mon oncle la tristesse,
N'aurait rien qui vous intéresse ?
Par la grace son cœur touché,
Pleure son énorme péché.
Prenez part à la pénitence
Qu'il fait de son incontinence ;
Oyez les généreux efforts
Qu'il fait pour réparer ses torts.
Indigné contre la partie
Qui retient son ame asservie,
Il résolut de la couper,
Afin de pouvoir extirper
Le mal jusques en sa racine.
Il prend le couteau de cuisine
Et monte en son appartement,
Puis à genoux dévotement,

puisse cette œuvre qu'il va faire calmer ses sens, apaiser dieu!

Il récite le saint rosaire.
Puisse cette œuvre qu'il va faire,
Calmer ses sens, appaiser dieu !
Cependant auprès de ce lieu,
Rodait la triste *Valentine* ;
Elle avait vu dans la cuisine,
Le baron prendre le couteau :
Cela lui parut tout nouveau,
Elle voulut en voir l'usage :
Arrêtez, ô fille peu sage,
Oubliez-vous que la maman,
Qu'*Eve*, que son péché gourmand,
(Gourmande, elle..... Non curieuse)
Fit une race malheureuse ?
Puisque dieu le voulut ainsi
Que son nom sacré soit béni.
Valentine par la serrure,
Vit à son aise la coupure,
Et le coupé, puis le baron
Se mettre à la place un chiffon
Trempé dans le même caustique

Dont l'auteur du joyeux cantique,
Simeon le prêtre juif,
Se servit avec du suif
Lorsqu'il eut tranché la partie
Inutile au fils de *Marie* ;
Besoin n'en avait le sauveur
Pour être notre rédempteur.
Non, mes amis, ma *Valentine*
N'avait point l'ame libertine ;
Bonnement elle imagina
Que le baron, son cher papa,
Avait voulu devenir femme.
Et certes, exempte de blâme,
Elle conçut le grand dessein
D'être du genre masculin.
Le baron, comme bien l'on pense,
Fatigué de la pénitence,
Alla se mettre dans son lit,
Tranquille de corps et d'esprit.
Il avait laissé le coupable
Et le grand couteau sur la table.

N'ayant nul besoin du tranchant,
Sa fille prend l'autre instrument
Et court vîte devers sa chambre,
Puis tâche d'adapter ce membre
En certain lieu que de bon cœur
Je nommerais ; mais la pudeur
Jette un voile sur ma peinture :
Si vous connaissez la nature,
Vous savez ce qu'elle éprouva,
Ami lecteur, restons-en là.

CHANT IV.

Forte tentation de ma tante ; elle y résiste, et tombe dans un péché assez commun parmi les demoi-selles bien élevées.

Je trouverai plus d'un lecteur,
Incrédule, léger, moqueur,
Qui doutera que ma cousine
Puisse user de cette machine,
Dont je vous ai modestement
Entretenu dans l'autre chant ;
Ce lecteur ne sait la physique,
Ni la structure mécanique
Du nerf que l'on nomme érecteur,
Séparé de son possesseur
Certain tems il garde sa forme,
Par dégrés il devient difforme ;

Ma cousine donc s'en servit
Et bientôt le voilà flétri.
Que ce bijou si plein de charmes,
Grand dieu ! lui fit verser de larmes.
Elle n'est pas seule à pleurer.
Une autre aussi doit vous toucher
(Et sa douleur me perce l'ame)
De mon cher oncle c'est la femme,
Depuis le fatal accident,
Veuve de son époux vivant,
Elle mène une triste vie,
La source du plaisir est tarie.
Ce sale, ce vilain péché
Dont *Socrate* fut entiché,
N'était un secret pour ma tante ;
Du baron l'ame pénitente,
A sa femme, à son confesseur,
Avait conté toute l'horreur
De l'impudique frénésie
Dont elle se trouva saisie
A l'aspect d'un postérieur.

G

Or le traître de confesseur
Était..... père *Bonaventure*,
Ce capucin plein de luxure ;
Admirez cet homme infernal ,
Et tout son art pour faire mal :
Il était las de sa servante ,
Il convoitait ma chère tante ,
(Amoureux , qui pis est jaloux)
Le coquin châtra son époux ,
Car de lui vint la pénitence :
Seul j'aurai donc la jouissance
De la femme et de ses appas ,
Le mari n'en tâtera pas.
Ainsi raisonnait le cynique , .
Il raisonnait bien , l'impudique.
Vous souvenez-vous , cher lecteur,
Que ce déloyal directeur ,
Le révérend *Bonaventure* ,
Tous les matins faisait lecture
Chez ma tante , en son cabinet ,
Très-bien le paillard s'y prenait ;

Il lisait comment *Betzabée*,
Par *David* au bain fut trouvée.
Il peignait du saint roi l'ardeur,
Son regard, ce geste vainqueur,
Et puis cette subite rage
Qui commande aux sens du plus sage ;
Ce feu dans les veines porté
Lorsque l'on voit la nudité.
Ma tante soupire, chancelle,
Et dans sa mourante prunelle
L'on ne voyoit que trop, hélas !
Tout ce qui se passait plus bas.
Le franciscain lève sa robe,
Par un mouvement qu'il dérobe,
Il est au centre du plaisir ;
Il croyait sur-le-champ jouir.
Ma tante avait dit le rosaire,
Et portait un beau scapulaire,
Qui sans doute la préserva,
Et son honneur se conserva,
Malgré l'instrument redoutable

Que lui présentait le diable,
Sous la forme d'un capucin ;
Il eût triomphé, le malin,
Mais l'odeur était détestable.
Vertu de la grace inéfable,
Ma tante baisse son jupon,
Elève et la voix et le ton,
Et dit : impudent, téméraire,
Suis-je donc une femme à faire.....
Mais son œil encore incertain,
Lorgnait, devenait très-humain ;
Lors, la grace la plus efficace,
Commande à ses sens, elle efface
Beauté, longueur, grosseur, roideur,
De ce serpent si séducteur ;
Ma tante évite la présence
De ce monstre d'incontinence,
Se retire dans son boudoir,
S'arrange devant le miroir,
Et s'applaudit de sa sagesse.
Notre force n'est que faiblesse,

Dieu seul est auteur de tout bien ,
Et sans lui que pouvons-nous ? Rien.
De ceci , ma tante est la preuve ;
Elle a subi la vive épreuve
D'un capucin ferme , amoureux ,
Entreprenant et vigoureux.
Elle résista , mais son ame
N'était que celle d'une femme ;
Elle eut un grain de vanité ;
Par le démon d'impureté ,
Elle en fut sur-le-champ punie :
D'un feu soudain elle est saisie ,
Elle sent palpiter son cœur ,
Bientôt disparaît la pudeur :
Elle s'embrase , elle soupiré ,
Sa main , dans ce brûlant délire ,
Se porte vers certain endroit ,
Et le capucin par un doigt
Est remplacé..... Dieu ! quelle chûte
Qu'aisément la vertu culbute.
O femmes ! femmes , vous voilà ;

Si notre moine eût été là ,
Las, que seriez-vous devenue ?
Ma chère tante était perdue.
Mes amis, il est des instans
Où l'ame est esclave des sens ,
La sagesse nous abandonne
Dans un transport qui nous étonne ;
L'on ne peut plus se contenir ,
L'on cède à la voix du plaisir.
Ne méprisez donc point ma tante ,
Sa vertu fut très-chancelante ,
J'en conviens ; mais quel est l'époux
Qui ne croira son sort bien doux ,
Si sa femme , sollicitée ,
Ayant sur-tout été troussée ,
Ne laisse entrer dans cet endroit ,
Que le petit bout de son doigt ?

CHANT V.

*Aventure de bal, qui fort heureuse-
ment n'eut point de suite.*

Vous connaissez ce *Salomon*,
Ce sage de si grand renom ;
A quoi lui servit la sagesse ?
A célébrer la douce ivresse
De l'amante et du bien aimé.
Du chaton le lecteur charmé,
Croit voir sa maîtresse et l'entendre ;
La douce amie en est plus tendre :
Eh bien ! l'on traite avec humeur
La femme qui, de son honneur,
Chancelante dépositaire,
Cède à l'amant qui sut lui plaire.
Ami, dessous un cotillon
Gît l'éteignoir de la raison ;
Plus que dieu seras-tu sévère ?
Il gronda la femme adultère,

Il s'en tint là , le bon sauveur ;
Eh , qui mieux que le créateur
Pourra juger la créature ?

L'amour est fils de la nature ,
Et c'est ma foi très-rarement
Que résiste au tempéramment
Un prêtre , un philosophe , un sage ;
Ils emploient tout leur courage ,
Ils succombent le plus souvent ,
Et toujours l'homme est l'attaquant.
Nos dames , malgré leur faiblesse ,
Malgré l'ardeur de la jeunesse ,
Le porteur d'un joli minois ,
Furent vertueuses parfois ;
Mais qu'un aimable téméraire
Trompe une femme débonnaire ,
Vous entendez crier les sots ,
Les libertins et les dévots :
Mes bons amis , c'est par envie ;
Pour *Valentine* , je vous prie
De grace , un peu de charité :

Qui ne chérit pas la beauté,
Qui n'adore pas une jeune fille,
Simple, douce, et sur-tout gentille,
Lorsque dans l'âge du bouheur,
Dans l'âge où parle notre cœur,
Un certain desir la consume ?
Votre ame tendre, je présume,
Connut jadis l'amour, ses feux,
Mes lecteurs furent amoureux ;
S'ils n'ont jamais aimé les dames,
S'ils n'ont point partagé leurs flames,
Qu'ils ne lisent point mes écrits,
Mes vers par eux seraient proscrits.

Rappellez-vous, lecteur sensible,
Le moment cruel et terrible,
Où moment cher oncle le baron,
Dolent d'avoir fait un giton,
Exécuta sa pénitence ;
Ma cousine, par imprudence,
(C'est l'imprudence d'un enfant)
Trouva le coupable instrument,

Et cela fit une ouverture
A son petit cœur..... la nature,
Que sais-je, enfin?.... elle comprit
Ce que la trop foible *Eve* apprit
Alors que bravant la défense
Du seigneur, elle eut la science
D'un peu de bien, et d'un grand mal.
Or donc, ma *Valentine* au bal,
Par sa mère un jour fut menée;
Elle est bientôt environnée
De ces bannaux adorateurs,
De la foule des amateurs;
Ainsi, nouvellement éclose,
Parmi les fleurs brille la rose,
Elle fixe le papillon;
L'abeille, avec son aiguillon,
Tâche de percer son calice,
Sous ses feuilles elle se glisse
Afin de pénétrer son sein,
Et c'est à-peu-près le dessein
Des jeunes gens sur *Valentine.*

De danser ma chère cousine
Est requise et très-galament,
D'un air noble, grave, décent,
Le corps droit, fait sa révérence,
Puis part, et marche avec cadence ;
Son pas trace un parfait quarré,
Qui, de tout le monde admiré,
Augmente près d'elle la presse.
De l'applaudir chacun s'empresse,
L'on pousse, l'on est repoussé,
Et plus d'un père est courroucé,
De voir trop loin de lui sa fille ;
L'amant, au contraire, pétille
D'être sans ce fâcheux témoin,
Avec sa maîtresse en un coin ;
Il saisit l'instant favorable,
Toute fille au bal est traitable.
   Valentine, dans ce fracas,
Eprouvait un peu d'embarras ;
Elle voudroit joindre ma tante.
A deux pas, l'ame peu contente,

Etendu fort nonchalament,
Antoine rêvoit tristement
A mon cher oncle, à ma cousine,
Quand sur lui s'asseoit *Valentine*.

Mes chers amis, un bien heureux,
Dont l'ame s'élançant aux cieux,
Brise les fers du purgatoire
Et vole à l'éternelle gloire,
Est moins satisfait, moins joyeux
Qu'*Antoine* ne se trouve heureux
De porter ma belle cousine ;
Il était fou de *Valentine* ;
Jugez, lecteur, de son transport,
Mais n'admirez-vous point son sort ?
Né pour séduire la famille,
A mon oncle, ainsi qu'à sa fille,
Il a su plaire également ;
Aimé de l'un, de l'autre amant,
Il leur a fait tourner la tête ;
Chacun occupé de la fête,
Ne songe point à nos enfans ;

Antoine

Antoine use de ces instans ,
Il aperçoit un œil humide ;
Il cesse alors d'être timide ,
Il soulève tout doucement
Un jupon..... Enfin il fait tant ,
Que bientôt il est à l'entrée
D'un lieu dont la porte fermée ,
Sans plus tarder , alloit s'ouvrir
Au signal brillant du plaisir ;
Lors un lourdaut à révérence ,
Vint prier pour la contre-danse :
Ma chère cousine soudain ,
Vers son jupon porte la main ,
Mais si vîte , qu'elle est remplie
De certaine saloperie ,
Qu'elle vous pose sur-le-champ
Dans les doigts du danseur pressant ;
Celui-ci regarde , secoue ,
Et tout justement sur la joue
D'un violon très-élégant ,
Vous envoie le corps gluant ;

H

Voilà mon homme à la musique,
Qui croit qu'on se moque , il se pique ;
Ramasse le vilain paquet,
Le jette , et dit d'un ton fort net ,
Que le saint rentre dans sa niche ;
Est-ce que de moi l'on se fiche ?
Je ne peux vous peindre l'état
De *Valentine* à cet éclat ;
Cependant son air de décence,
Sur-tout du danseur la prudence,
Ou peut-être le peu d'esprit ,
Firent que point l'on ne comprit
D'où provenoit cette indécence,
Et l'on continua la danse
Jusqu'à sept heures du matin.
Messieurs , le fils du capucin
M'a fait trembler pour *Valentine* ;
Dieu la protège et l'illumine.

CHANT VI.

LE *père* BONAVENTURE *vient à bout de son infâme projet, en la présence même de mon oncle le Baron.*

POUR moi quelle agréable chose,
Si, par une métamorphose,
Je pouvois vivre dans les airs,
Voir d'un coup-d'œil tout l'univers,
En considérer l'harmonie ;
Posséder assez de génie
Pour n'être plus un raisonneur,
Et pénétrer du créateur
Le ressort et simple et sublime,
Qui fait que tout vit, tout s'anime ;
Comment les astres lumineux
Marchent suspendus dans les cieux ;
Mais à quoi bon cette sience ;

H 2

Quelle inutile connaissance ?
Et plus éclairé que *Newton*,
En serois-je plus heureux ? Non.
　　Le seul bonheur que je desire,
Le seul pour lequel je soupire,
Est de servir l'humanité ;
Loin de moi cette vanité,
Desir insensé de la gloire,
De vivre au temple de mémoire.
Le premier qui fut laboureur,
Mérite cent fois plus d'honneur.
Est plus digne de nos hommages,
Que tous ces fous prétendus sages ;
Ces philosophes si fameux
Nous ont-ils rendus plus heureux,
De celui qui jase et raisonne,
Ou de cet autre qui moissonne ?
Parlez, lequel préférez-vous ?
Je conçois combien il est doux
Après dîner de lire *Horace*,
De s'égayer avec *Bocace* ;

Mais avant tout il faut dîner ;
Cessez donc de vous étonner
Si chez moi la boulangerie
L'emporte sur l'acadmie.
Par-tout je vois mensonge , erreur ;
Mais Dieu , la nature et mon cœur ,
N'égareront jamais mon ame :
Pour les arts qu'un autre s'enflame :
J'honore beaucoup un savant ;
Mais être bon , c'est le talent
Auquel j'aspire , et que j'envie ;
Or , voici ma philosophie.
A personne ne faites rien ,
Que ce que vous voudriez bien
Que l'on vous fît ; cet apophthègme
Vient de la sagesse même.

Si cet enfant de saint *François* ,
Impudique , rusé , sournois ,
Eût retenu cette maxime ,
L'horrible desir qui l'anime
N'eût agité son cœur félon.

H 3

Il cocufia le baron :
Cher lecteur , vous allez apprendre
Comme il fit, comme il sut s'y prendre ,
Et remplir son brutal dessein.

Ma chère tante , au capucin
Faisait un fort mauvais visage ,
L'évitoit (rien n'étoit plus sage)
Depuis l'aventure du doigt.
Mais le capucin à part soi ,
Avoit de son plan chatte-mitte ,
Bien pesé , calculé la suite.
Vous avez vu tout près d'un trou ,
Un chat , d'un air benin et doux ,
Œil baissé , sans impatience ,
Guetter le moment d'imprudence ,
Où la souris de bonne-foi
Et sans prévoir son désaroi ,
Montre le nez , sort de sa trappe ,
Le chat saute dessus, la hape ,
Et la croque voracement :
Tel notre maudit mécréant ,

A l'endroit de ma chère tante ;
Ourdissoit sa trame impudente ;
Certain jour disant un *Ave*,
Tête basse, et cul relevé,
Elle étoit dans son oratoire ;
Le capucin, d'un ame noire,
Fond sur elle ainsi qu'un faucon,
Prestement lève son jupon,
Et devers la voie secrette,
Le gueux s'introduit en levrette ;
Ma tante sous lui se débat :
Mes amis, quel horrible état
Pour une femme vertueuse !
Au fort de cette crise affreuse,
Du baron l'on entend les pas,
Le moine brave l'embarras.
Sur ma tante il étend sa robe,
Et sa sale ampleur la dérobe
A l'œil ; l'époux infortuné
Qui voit le méchant prosterné,
Se signe, puis retourne en arrière ;

Craignant d'interrompre sa prière,
Il pousse la porte et s'enva,
Puis l'adultère s'acheva.
Certes la femme, auprès de l'homme,
Est d'honneur, justement, tout comme
La paille dans un magasin ;
Si par un malheureux destin,
L'on approche avec la chandelle,
Et qu'il échappe une éteincelle,
Bientôt la grange est tout en feu.
Ce crime n'avoit point l'aveu
De ma tante, et le moine indigne,
Jouissait de sa ruse insigne ;
Goûtoit lui tout seul du plaisir ;
Il assouvissait son desir,
Alors qu'une fatale ivresse
Saisit ma tante, et je confesse,
Qu'on vit à certains mouvemens,
L'empire qu'avoient pris ses sens.
Mesdames, quelle destinée !
Souvent une femme bien née,

Comme vous venez de le voir,
Peut s'écarter de son devoir.
Les gens dévôts, les gens d'église,
(Que l'apparence scandalise),
L'époux, le jeune libertin,
Se fâcheront qu'un capucin
Si facilement se contente,
Et blâmeront ma chère tante.
Dévôt, prêtre, époux, libertin,
Connaissent peu le cœur humain.
Eh qui peut vaincre la nature ;
Qui peut la taxer d'imposture ?
Sur nous son empire est certain,
Son but est un ordre divin,
Le capucin célibataire
Croit, par le cilice et la haire,
Eluder le tempérament ;
Le moine est extravagant.
Peut-être une jolie femme,
Qu'un amour délicat enflame,
Et consume tout doucement,

N'imaginera point comment
Un capucin à barbe sale
Peut triompher d'une vestale.
Je le crois ; ses sens satisfaits
Se taisent : les plus beaux objets
Effleurent à peine son âme ;
Pour moins la récluse se pâme :
Un pauvre dévore son pain ,
Quand le riche , blazé , sans faim ,
Fait desservir l'oiseau du Phaze.
O vous ! qu'un tendre amour embrase ,
Soyez pour ma tante indulgens ,
Et méfiez-vous de vos sens.

CHANT VII.

EFFET *du printems. — Orage. — Conversion de* VALENTINE *et d'*ANTOINE *, après la mort du père* BONAVENTURE.

QUE de bien nous offrent les sens !
Mortels , de vos besoins pressans ,
Ils font naître les plus doux charmes ;
Jouissons , amis , sans allarmes ,
Sans remords et sans repentir
De tout ce qui nous fait plaisir ;
De mon dieu la bonté suprême
Me fit le don d'un cœur , et j'aime.
Oui , j'aime , assuré que l'amour
Fut produit au moment du jour ;
(Jour heureux) où le premier homme,
Sortant d'un léthargique somme ,
Vit et convoita la beauté

Qui reposait à son côté.
Eve, mon adorable mère,
Lorsqu'*Adam* voulut être prère,
Tu sentis ses desirs et ses feux ;
Tu comblas son cœur amoureux,
La volupté fut ton partage.
Dieu dit alors de son ouvrage :
Il est bon, je suis satisfait,
J'ai créé l'amour, tout est fait.

Que si je passe une faiblesse,
Si je pardonne à la tendresse,
Je hais fort la brutalité
De ces monstres d'impureté,
Qui sont tout corps, et n'ont point d'ame.
Du capucin l'indigne flame
A dû révolter le lecteur ;
Consumé d'une tendre ardeur,
Pour un objet sage et sensible,
Un satyre est vraiment horrible ;
Mais voyez deux jeunes amans,
Tous deux charmans, tous deux brûlans,

Au

Au mois de mai, mois si propice,
La nature conservatrice,
Fait étinceler dans leurs yeux
Ce feu subtil et précieux,
Emané de l'ame du monde,
Par qui, sur la terre et dans l'onde,
Tout existe et se reproduit ;
L'amour les guide, et les conduit
A la félicité suprême :
Ainsi vers la beauté qu'il aime,
Le jeune fils du capucin
Est entraîné par son destin.
La tendre et belle *Valentine*
Rougit alors qu'elle examine
Ses devoirs, son amour, l'honneur,
Ses desirs, la vertu, son cœur ;
Elle balance, elle soupire,
Un instant son amour expire ;
Pour *Antoine*, l'instant d'après,
Son cœur brûle plus que jamais,
D'*Antoine* l'image charmante

I

Le jour et la nuit la tourmente ;
Elle cherche et fuit son amant ,
Elle aime , et combat son penchant :
Dans cet état d'incertitude ,
L'ame pleine d'inquiétude ,
Elle rêvait dans le jardin ;
Antoine sans aucun dessein ,
Promenait aussi sa tendresse ;
Il joignit bientôt sa maîtresse ,
Ils étaient jeunes....., amoureux.....
Seuls..... Un bosquet était près d'eux...
Au printems , qu'une fille est tendre ,
Qu'un cœur aisément peut se prendre !
Lors par hasard, le capucin
Passe son bréviaire en main ;
Il voit à travers la charmille ,
La belle cesser d'être fille ;
Il voit un fils digne de lui ;
De sa race admirant l'étui ,
La vigueur de son cher *Antoine* ,
Certain transport saisit le moine ,

Et le voilà qui sur-le-champ,
Commet le gros péché d'Onam ;
Mais alors qu'il est en extase,
Le tems s'obscurcit, l'air s'embrase,
Le tonnerre au loin retentit ;
Un bruit sourd, petit à petit
Augmente, avance, enfin éclate ;
Un nuage sombre se dilate,
L'éclair brille, la foudre part,
Et tombe sur mon vieux paillard :
Valentine, toute tremblante,
Sous son amant est expirante.
Ils se lèvent, spectacle affreux !
Ils aperçoivent auprès d'eux,
Dans l'atitude de son crime,
Le capucin juste victime
De la colère du seigneur.
Alors une sainte frayeur
Epouvante ma *Valentine* ;
Elle invoque sainte Marine,
Fiacre, Policarpe et Jean :

I 2

De la grace, effet surprenant !
Elle voit cesser son délire,
Antoine lui-même soupire,
Pleure son amante et ses feux,
Et court s'enfermer aux chartreux.
Valentine, aux pieds de ma tante,
Confuse, et sur-tout pénitente,
Raconte son tendre péché :
De cet aveu le cœur touché,
Grand Dieu ! lui répondit sa mère,
Je suis coupable aussi ma chère :
Comme vous, je porte en mon cœur
Et les remords, et la douleur ;
Réparons, par la continence,
Ces tristes momens d'imprudence :
Hélas ! bien difficilement
Une femme vit chastement.

HISTOIRE

DE

RAOUL D'AIGREMONT.

HISTOIRE

DE
RAOUL D'AIGREMONT.

CHAPITRE PREMIER.

Sortie *de* Raoul *du château d'Aigremont, et de l'aventure qui lui advint dans la forêt de Leictoure.*

L'empereur Charlemagne avait chassé les sarazins, ayant converti les saxons à coups de cimetère et de lance ; les chevaliers français n'avaient plus rien à faire ; ils s'amusaient à pourfendre les géans, à soutenir l'honneur des dames, en cocufiant leurs époux ;

à préserver les filles du viol, en couchant de gré à gré avec elles ; en un mot, c'était le bon tems. Le savant archevêque *Turpin* avait mis dans la bonne voie *Maugis d'Aigremont*, ce valeureux et célèbre enchanteur ; il était devenu dévot ; il n'exerçait plus que la magie blanche, n'avait plus de commerce qu'avec les fées honnêtes et les génies subjugués par le grand *Salomon*, fils de *David* ; enfin, retiré dans son château d'Aigremont, au fond des Pyrénées, il voyait avec plaisir ses deux fils marcher sur les traces de leur cousin, l'indomptable *Roland*.

L'ange de la mort se présenta au vieux *d'Aigremont* ; il ne demanda que le tems de faire le partage de ses biens ; il donna à *Maugis*, son premier né, ses terres, son château et ses fiefs ; à *Raoul*, le cadet (dont j'écris l'histoire),

sa cassette et les joyaux qu'elle contenait, une armure complette; un coursier *alez* au fils de l'*Alphane*, et un
roussin pour monter son écuyer. Ces
dispositions faites, muni des sacremens, l'ange de la mort porta son ame
au ciel.

Raoul, ayant reçu ce qui lui appar-
tenait, se mit en marche pour chercher les avantures; sa première couchée
fut à Toulouse. Il n'avait point encore
examiné la cassette, il l'ouvrit, il ad-
mira plusieurs brasselets d'émeraude,
quelques diamans qui n'étaient pas
montés, d'autres taillés et destinés
pour les oreilles, plusieurs bagues d'un
grand prix : au fond de la cassette était
un petit cadenat de topase, portant une
clef de cristal de roche, qui fermait
une boîte de saphir; il se hâta de voir
ce qu'elle contenait; il trouva dedans,

un parchemin plié, qui enveloppait une bague d'un métal inconnu ; il aperçut des caractères sur le vélin, il lut ce qui suit : « Cet anneau, porté au qua-
» trième doigt de la main droite, lors-
» qu'on tracera dans l'air le signe sacré
» de notre rédemption, fera croître la
» lance d'amour de douze pouces ; pour
» remettre les choses en leur état natu-
» rel, l'on prendra l'anneau de la main
» gauche, et l'on fera autant de signes
» de croix que l'on en avait fait de la
» main droite. Cette bague a encore la
» vertu de préserver de tout enchante-
» ment celui qui la porte. *Nota bene.*
» Il faut jetter au feu cet anneau et ce
» mémorial. »

Raoul se garda bien d'éxécuter le *nota bene* ; il mit la bague à son doigt, monta sur son coursier, et suivi de son noble varlet, il prit le chemin de

Bordeaux, afin d'y voir son parent le brave *Huron*, qui était seigneur de cette ville.

Raoul se proposait, par le moyen de l'anneau de parvenir au fond de la grotte de *Vénus*; il formait mille projets agréables. Tandis qu'il bâtissait des châteaux en Espagne, tous plus délicieux les uns que les autres, son écuyer et lui s'aperçurent qu'ils étaient au milieu de la forêt de Leictoure; ils virent venir à eux un chevalier puissament monté, armé de toutes pièces; son casque étincelait de mille feux, il portait pour cimier un cygne d'argent au bec de gueules, son bouclier de sinople, et sa devise, gravée en or, était : *Hommes ou femmes je les renverse.*

Ce chevalier était le frère d'*Angélique*, le gentil l'*Argail*; sa lance, comme tout le monde sait, de l'or le plus pur, avait la vertu de culbuter tous les chevaliers qu'elle touchait. Du plus loin qu'il aperçut *Raoul*, il lui cria : homme d'armes, convenez que votre amie est moins belle que la dame de mes pensées, ou je vous défie à la joûte. Le vaillant fils de *Maugis* n'avait point de maîtresse ; mais il possédait un si grand courage, qu'il fit une description pompeuse des beautés de son amante future, et soutint bravement que quiconque oserait lui comparer une autre pucelle, ou non pucelle, était un chevalier déloyal et non courtois. — Acceptez-vous le défi, s'écria *l'Argail ?* — Oui sans doute, reprit *Raoul ;* quelles sont les conditions du combat ? — « Le vainqueur aura pour lui les » armes, les chevaux, le bagage et » l'écuyer du vaincu ; celui-ci, en

» simple

» simple tunique, ira chez la reine de
» Golgonde avouer à ses pieds sa défaite,
» et jusqu'à cet aveu, il ne pourra
» combattre, soit avec la lance, soit
» avec l'épée. » — J'accepte ces conditions, répondit *Raoul*; il baissa la visière de son casque, et voulant chausser ses gantelets, il laissa tomber, sans s'en apercevoir, l'anneau précieux; il prit du champ, et la lance en arrêt il fondit sur son adversaire; celle de l'*Argail* eut l'effet accoutumé; à peine eut-elle touché *Raoul*, qu'il perdit ses étriers et se trouva sur l'herbe.

Les lois de la chevalerie sont sacrées. *Raoul* se releva tout confus, et demanda à l'*Argail* le chemin de Golgonde. — Allez-vous en à Bordeaux, repartit le vainqueur, vous vous y embarquerez; voilà trente écus pour les besoins de votre route, et le paie-

K

ment de votre transport sur la nef qui vous conduira vers la reine ; présentez-lui les respects de l'*Argail* : il dit, et s'empara de l'armure, du coursier, de la cassette, du roussin et de l'écuyer, qui ne vit pas, sans verser des larmes, son maître vaincu et en simple tunique.

Le chagrin de *Raoul* était trop grand pour qu'il eût le souvenir de l'anneau ; il traversa tristement la forêt de Lectoure, et le troisième jour il arriva dans la ville d'Agen où il se reposa.

CHAPITRE II.

COMMENT RAOUL *retrouva son anneau.*

C'EST avec raison que l'on donne à *Charlemagne* le titre de grand homme ; il fit de sages lois, il sut parfaitement employer le courage de ses paladins, il réprima l'audace des parlemens, il allégea le fardeau du peuple ; c'est un saint, il n'en faut pas douter. Il respecta la religion et contint ses ministres ; ce fut ce grand empereur qui le premier imagina que les archevêques assembleraient chaque année leurs suffragans, afin de discuter les points de discipline et de réprimander les évêques qui auraient pu se relâcher.

Le vieux prélat d'Agen, après avoir

assisté dans Toulouse à une de ces assemblées, que l'on nommait sinode, retournait dans son diocèse (*Obald* était son nom) suivi de ses gens, monté sur sa mule ; il traversa la forêt de Leictoure quelques heures après le combat de l'*Argail* et de *Raoul* ; il aperçut sur l'herbe quelque chose de brillant, il s'arrêta, et un de ses domestiques lui présenta la bague dont le lecteur connaît la vertu. Le bon *Obald* l'ayant admirée, la mit justement au doigt de la main droite ; lorsqu'il fut à un quart de lieue, des jeunes paysannes se mirent à genoux pour recevoir la bénédiction de monseigneur, il la leur donna gracieusement : quelle fut sa surprise de sentir ce qu'il n'avait point éprouvé depuis vingt ans ; notre saint évêque, tout ragaillardi, continua sa route. Ce fut bien autre chose lorsqu'il

entra dans la ville ; la quantité de bénédictions tracées dans les airs accru-
rent tellement ce que vous savez , que
le prélat en était précédé de cent-vingt
pieds. Retiré dans son palais, il gémis-
sait de sa grandeur ; il fit des prières et
sur-tout des signes de croix qui ajou-
tèrent à son affliction. Les uns assuraient
que c'était l'effet d'un sort , d'autres
prétendaient que c'était une punition
de Dieu ; ceux-ci une récompense,
ceux-là une maladie , enfin toute la
ville , et particulièrement les médecins déraisonnaient sur cet événement,
et monseigneur était fort embarassé.
Le bruit de cette avanture parvint au
triste Raoul. Ses chagrins en furent
adoucis ; il courut à l'évêché, il assura
les grands vicaires de la guérison de
monseigneur s'il pouvait lui parler tête-
à-tête pendant une demi-heure. Malgré

sa simple vêture, Raoul avait si bonne mine, un si grand air de noblesse, de franchise et de vertu, qu'il inspirait la confiance. Il fut donc introduit auprès du prélat : monseigneur, lui dit-il, vous savez que Dieu défend de garder le bien d'autrui, rendez-moi ce qui m'appartient, et je peux vous assurer qu'avant un quart-d'heure, ce qui vous tourmente ne vous afligera plus. Obald lui répondit : Je ne sais point, monsieur, si j'ai quelque chose à vous ; instruisez-moi, et je vous jure, foi de prêtre, de vous remettre sur-le-champ ce que vous reclamez. Eh bien ! monseigneur, repartit Raoul, l'anneau que vous portez est le mien, et, si je ne me trompe, vous l'avez trouvé dans la forêt de Leictoure. Il est vrai, reprit l'évêque ; et tirant la bague de son doigt, il allait la rendre à Raoul, qui lui dit : monseigneur, remettez cet anneau à votre main gauche, et tracez de cette main des signes de croix ; lorsque vous serez comme vous devez être, je reprendrai ma bague : ainsi fut fait ; le prélat éprouva promptement les heureux effets que notre chevalier lui avait annoncés ; il fut tenté un instant de se réserver quelques pouces, mais la grace du seigneur triompha, et Obald revenu à son état naturel, remit la bague au paladin, lui offrit plusieurs dons; Raoul les refusa, et sans vouloir se nommer, il se retira, résolu d'accomplir avec fidélité les lois que l'Argail lui avait imposées.

CHAPITRE III.

COMMENT RAOUL *tua un géant*, *et délivra la reine de Golgonde.*

RAOUL, quoique très-joyeux de la possession de somanneau, était cependant toujours affligé d'avoir été vaincu, d'être à pied, de n'oser paraître chez son parent Huon de Bordeaux, qui aurait repoussé un chevalier sans armes. En cheminant avec tristesse, il se trouva aux pieds des tours d'un château superbe : un géant tout nud, armé d'une forte et pesante massue, était assis près de la porte, et paraissait en défendre l'entrée ; Raoul, par les lois du combat dans la forêt de Leictoure, ne pouvant tenter cette aventure, allait passer outre, lorsqu'une femme parut à une fenêtre grillée , et lui cria, d'une voix lamentable : qui que tu sois, protège une reine infortunée , la belle Atalide de Golgonde , ma maîtresse , qu'un maudit mécréant retient dans ce châtel. Deux négres parurent alors , et firent retirer de force la dame à la voix plaintive.

Raoul se trouva dans une étrange perplexité ; hélas ! se disait-il en lui-même , je ne puis délivrer la reine de Golgonde ! je suis sans armes , je ne peux m'en procurer sans violer les lois de la chevalerie ; cependant si la belle Atalide reste captive , je verrai ma jeunesse se flétrir dans une honteuse oisiveté. Il se désespérait : le malheur fait naître la piété, lorsque l'on n'a rien à espérer des hommes, l'on a recours à dieu ; il se mit en prières. Après avoir invoqué saint Denis , le noble

patron de la France et le sien, il se
crut inspiré par lui; il se retira proche
d'un grand arbre, il exalta son imagination sur les charmes d'Atalide, et
lorsqu'il se vit dans l'état que l'on
éprouve auprès de la beautè, il fit une
demi-douzaine de signe de croix, et
s'avança à dix pas du géant; alors d'une
voix forte, il le défia. Mongor, c'est
le nom de l'homme monstrueux, sourit
du défi et de la jeunesse de Raoul, et
pour plus grande marque de mépris,
lui montra le derrière. Raoul redou-
blant de signes de croix et courant avec
la vîtesse d'une flèche décochée par un
bras nerveux, atteignit le géant, le
perça, puis se renversant un peu, il
éleva le monstre de dix toises, et le
choquant avec force contre les murs,
il eut bientôt brisé les membres de son
adversaire. Voyant qu'il ne respirait

plus , il prit son anneau de la main gauche, fit une suffisante quantité de bénédictions , et ayant étendu le cadâvre sur la poussière , il s'empara de la massue , avec laquelle il rompit promptement la porte du château.

Raoul dirigea ses pas du côté d'où il avait entendu la dame gémissante ; des négres armés d'épieux voulurent s'opposer à son passage, il les assomma lestement, il trouva enfin le lieu qui renfermait les dames, il lui fallut encore enfoncer une porte. La reine de Golgonde allait se jetter à ses pieds ; c'est à moi, dit-il , belle princesse, à me jetter aux vôtres ; vous voyez Raoul d'Aigremont, un triste chevalier que l'Argail a vaincu ; je n'en suis plus surpris , puisqu'il combattait pour la déesse de la beauté. — Noble fils de Maugis, reprit Atalide , cessez de vous

affliger, vous n'avez point été vaincu ;
apprenez que la lance de l'Argail est
enchantée, et qu'elle a le don de ren-
verser tout ce qu'elle touche ; sans ce
charme, vous eussiez certainement
triomphé ; mais je vous dois l'honneur,
que puis-je faire pour vous témoigner
ma reconnaissance ? Un doux regard
accompagnait ces paroles, et promettait
beaucoup au fortuné paladin, qui baisa
la main de la belle Atalide ; ils par-
coururent le château, ils y trouvèrent
toutes sortes de provisions de bouche :
et ce qui réjouit infiniment Raoul, ce
fut une quantité prodigieuse d'armures
complettes qui étaient rassemblées en
trophées dans une grande salle ; les
écuries étaient remplies d'excellens
chevaux, qui appartenaient jadis aux
chevaliers sur lesquels Mongor avait
remporté

remporté la victoire, et qu'il avait in-humainement fait périr.

Atalide, Raoul et Fatime se mirent à table ; après le souper, le fils de Maugis supplia discrètement la reine de Golgonde de lui raconter comment et par quel hasard elle se trouvait dans ce château ; Atalide satisfit la curiosité du paladin, ainsi que vous le verrez dans le chapitre suivant.

CHAPITRE IV.

HISTOIRE *de la reine de Golgonde ; comment* RAOUL *lui sauva la vie, et comment il en fut récompensé.*

ANGÉLIQUE est ma cousine ; je l'accompagnai en France, moins par haine pour Charlemagne et ses paladins, que par amitié pour la princesse du Cathai ; nous avons été élevées ensemble. Vous n'ignorez pas les victoires de votre empereur ; vous savez comment il a chassé les Sarazins : nous avons perdu la plupart de nos meilleurs chevaliers ; l'amour d'Angélique pour Médor est venu à votre connaissance. Après son union avec ce beau berger, nous nous séparâmes, et suivie de Fatime, j'allais, sans être connue de personne, à Bor deaux , afin de m'y embarquer pour retourner dans mes états , lorsque je rencontrai l'Argail à Langon ; il voulut m'accompagner: je redoutais son amour, et voulant me débarrasser de cet importun , je lui dis que j'avois de fortes raisons pour que votre père ne sût point que j'étais dans une ville dont il est en quelque manière le souverain , où son pouvoir égale l'inimitié qu'il porte aux musulmans , l'Argail me quitta enfin. A peine étais-je à deux lieues de Langon, que le géant Mongor nous aperçut; il se mit à courir , et nous atteignit sans peine; puis prenant Fatime et moi entre ses bras , il nous porta comme deux enfans dans son château , où sans vous je serais morte , car ma résolution était prise , de périr plutôt que de satisfaire la passion horrible de ce monstre détestable ; le ciel vous a conduit en ces lieux, et je me confie tellement à votre loyauté, que je me mets sous votre conduite, convaincue qu'avec un chevalier si noble et si courtois, mon honneur et ma liberté ne courent aucun risque. Raoul, brûlant d'amour, flatté de la confiance d'Atalide, jura de la reconduire dans son royaume, et d'écarter aux dépens de sa vie, tous les dangers qui pourraient menacer la belle reine qui daignait le prendre pour son chevalier.

Le jour suivant, au lever de l'aurore, après s'être armé complettement dans la salle du château, il descendit dans les écuries; il y choisit le plus beau coursier, et l'ayant sellé et bridé ainsi que les haquenées d'Atalide et de Fatime, il se mit en route avec ces dames; ils voyagèrent toute la matinée sans aucune aventure; ils arrivèrent

(125)

au port Sainte-marie , où il fallait passer
la Garonne; le batellier se présenta pour
les recevoir dans son bac ; ils étaient
au milieu du fleuve lorsque le mouvement du bateau, ou quelqu'autre chose,
effraya la haquenée que montait Atalide : cette bête se cabra , et ses mouvemens furent si vifs et si redoublés ,
qu'ils lancèrent loin du bac la reine de
Golconde ; le fleuve était fort rapide ,
et son courant entraînait avec violence
la cousine d'Angélique. Raoul , qui
joignait à la plus haute valeur une présence d'esprit admirable , comprit que
s'il se jettait à l'eau tout armé , malgré
sa vigueur, jamais il ne pourroit at-
teindre la dame de ses pensées ; il se
tourna vers elle et dépêcha une cin-
quantaine de signes de croix avec la
plus grande vitesse : Atalide ne man-
qua pas d'empoigner ce qu'elle voyait

L 3

près d'elle ; sentant que la force de ses mains serait bientôt épuisée, elle le mit entre ses genoux ; lorsque son chevalier vit q'uelle s'était bien cramponée, prenant son anneau de la main gauche, par des bénédictions réitérées, il ramena vers lui la reine, qui rougit beaucoup du moyen que Raoul avait employé pour la sauver ; mais sa pudeur, quoique très-grande, était moindre que sa reconnaissance.

Après que la reine de Golgonde eut changé d'habits, elle remonta sur sa haquenée, et baissant les yeux, les roses de ses joues ayant acquis un nouvel éclat, elle tint à-peu-près ce discours à Raoul : vaillant fils de Maugis, je vous dois l'honneur et la vie, comment reconnaître les services que vous m'avez rendus ? Si mon trône et ma main peuvent vous prouver ma gratitude; l'un et l'autre sont à vous. Le beau chevalier se jetta aux pieds de la reine, lui voua un amour éternel; ils convinrent de ne point se faire connaître à Bordeaux, et de s'embarquer promptement; ils arrivèrent le lendemain dans la ville, et se logèrent dans un endroit écarté; Raoul alla sur le port afin de s'informer si quelque vaisseau ne partait point pour les Indes; quelles furent sa surprise et sa joie de retrouver son fidel écuyer; celui-ci raconta que Renaud de Montauban, ayant rencontré l'Argail, l'avait combattu; la lance de ce dernier avait produit son effet accoutumé, mais Renaud mettant l'épée à la main, avait de nouveau défié son adversaire, qui fut tué après un rude combat, et que le généreux Renaud lui avait remis tous les effets dont l'Argail s'était emparé, qu'il avait quitté ce bon paladin pour venir joindre son cher maître ; Raoul l'embrassa, et lui fit part de tout ce qui était arrivé depuis leur séparation ; ils achetèrent un vaisseau, l'équipèrent. La reine de Golgonde, Raoul, Fatime et l'écuyer firent un heureux voyage, les nôces se célébrèrent quinze jours après leur arrivée, le fidel écuyer épousa Fatime, et devint premier ministre du roi de Golgonde, dont la postérité est encore sur le trône de ce riche empire.

HALY,

FILS D'HALY-BED,

CONTE ARABE.

HALY,

FILS D'HALY-BED,

CONTE ARABE.

Sous le règne du calife *Mahmoud*, vivait *Adamas Haly*. Ce jeune homme était fils d'*Haly-Bed*, reis-effendi, ou premier ministre.

Une figure intéressante, beaucoup d'esprit, et sur-tout la place importante qu'occupait son père, le faisaient trouver adorable, divin, délicieux ; les femmes disaient : *Haly* est charmant ; les hommes vantaient sa belle ame, son bon cœur et sa générosité.

Le jeune *Haly* avait pour amis toute la jeunesse de la cour ; mais dans la foule de ses égaux, il distingua le jeune *Cosron*, fils de l'Aga de Spahis. Ils étaient liés d'une amitié étroite ; ils ne se cachaient rien, leurs cœurs semblaient n'en faire qu'un.

Un jour qu'*Haly* et *Cosron* sortaient d'un grand souper, sur les sept heures du matin, ils se trouvèrent près d'un caravenserail, où l'on vendait des esclaves. *Haly* remarqua une jeune grecque de dix-huit ans, faite comme l'on peint les Houris : il la marchanda, on la lui vendit cent sequins d'or. Il envoya chercher un palanquin fermé, et fit conduire la jeune esclave dans une petite maison, à l'extrêmité des fauxbourgs de Damas. C'était-là qu'*Haly*, suivant l'usage des courtisans de son tems, jouissait de tous les plaisirs qu'une grande fortune et une santé robuste peuvent procurer. Les historiens mahométans

mahométans prétendent que ces petites maisons diminuaient beaucoup les grandes fortunes et les santés robustes.

Haly ayant donné les ordres nécessaires au sujet de sa nouvelle emplette, alla se coucher : *Cosron* en fit autant, après avoir donné rendez-vous à son ami pour cinq heures du soir. Ils se rendirent l'un et l'autre à la petite maison, suivant leur promesse. La jeune grecque parut encore plus belle aux yeux d'*Haly* ; elle chanta supérieurement, sa voix était céleste, elle demanda une harpe, elle déploya un bras fait au tour, elle montra un pied, quel pied ! il n'en est pas de plus petit à la Chine. *Cosron* s'aperçut qu'il était tems de se retirer, il laissa seuls *Haly* et son esclave.

Lorsqu'ils furent tête-à-tête, Philologous (c'est le nom de la jeune grecque) se jetta aux pieds d'*Haly ;* je suis votre esclave, dit-elle, vous pouvez disposer de ce que vous avez payé ; mais l'amour et la tendresse ne s'achètent point, et jamais un maître ne fut aimé pour des sequins.

Haly releva la grecque : divine Philologous ! vous êtes une houry , lui dit-il , vous n'êtes pas née pour l'esclavage , Mahomet sans doute vous protège ; je vous ai achetée, j'en conviens , mais vos charmes , votre esprit , m'annoncent que vous êtes faite pour commander ; soyez ma sultane et la souveraine de ce lieu ; que n'ai-je un empire, je le déposerais à vos pieds: au nom du saint prophète , apprenez-moi à qui je parle ; vous êtes sans doute du noble sang de *Scander* (1) : non ,

(1) Scander est le nom que l'on donne à Alexandre dans toute l'Asie.

répartit l'esclave , je vais vous raconter par quel hasard je suis en ces lieux.

Histoire de la jeune Grecque.

Mon père était *Papas* (1) ; il s'ap-
pelle Philologous ; c'est un homme
savant , savant comme il n'y en a
point ; il connaît le nombre de toutes
les coquilles qui sont dans la Propon-
tide , la quantité de tous les marbres
que l'on vend à Palmire ; il sait combien il y a de rochers dans notre pays ,
combien il tombe de pouces cubes d'eau
de pluie pendant le mois d'escherval ;
mais tandis que mon père s'occupait de
coquilles , du marbre , des rochers et
de la pluie , ses fermiers le trompaient ,
nos esclaves prirent la fuite , ma mère
mourut , malgré le remède efficace

____

(1) Papas est le nom des prêtres grecs.

M 2

dont Philologous avait trouvé la composition dans le *Lend* ; l'auge de la misère s'établit dans la maison , un juif passa, offrit douze sequins et une poule de ma personne. Mon père prit les douze sequins , mangea la poule, et le juif m'emmena dans le caravenserail , où j'ai baisé la poussière de vos pieds ; mais, seigneur, si je suis votre esclave , je n'oublierai jamais que je suis la fille d'un *Papas.*

Divine Philologous , vos fers sont brisés , dit *Haly* , je ne veux vous prouver mon amour que par mon respect, et mériter votre estime. Un doux sourire fut la réponse de la jeune grecque , et *Cosron* informé de la conduite de son ami , raconta dans vingt cercles la générosité du fils du premier ministre. Cette belle action fut admirée de tous les courtisans ; quelques jeunes bachas se moquèrent cependant de la retenue d'*Haly* dans sa petite maison. Je ne répéterai point leurs propos, les oreilles des femmes sont comme un miroir d'acier bien luisant, un souffle le ternit, et je ne veux rien ternir.

L'heure de la seconde prière n'était pas encore arrivée, qu'*Haly* allait vers sa petite maison, monté sur son beau cheval; il pressait les flancs de ce noble coursier qui volait, tel qu'une flèche décochée par un vigoureux archer ; un homme qui vendait des fromages, fut renversé en traversant une rue. Malgré son amour, malgré la dignité de son père, *Haly* descendit de cheval, releva l'homme au fromage, lui donna vingt sequins, et cette aventure fit encore un grand bruit dans Damas.

Tandis qu'*Haly*, aux pieds de sa

maîtresse, exprimait son amour ; tandis que plusieurs marchands déployaient les plus belles étoffes, que des bijoutiers étalaient des pendans, des brasselets de diverses formes, et que Philologous choisissait, en regardant avec tendresse son amant, la ville de Damas retentissait des louanges du jeune *Haly*.

Son père donnait audience ce jour-là ; tout le monde vantait avec enthousiasme la belle action du fils du ministre envers l'homme au fromage ; le calife *Mahmoud* en fut informé à son dîner par l'échanson, qui était une des créatures du reis-effendi.

Le calife, satisfait de cette bonne action, ordonna qu'*Haly* lui fût présenté le soir même, et prenant le café avec la sultane son épouse, et les sultanes ses sœurs, il leur raconta ce qu'il avait appris de son échanson, et les sultanes louèrent à l'envi ce qui s'était passé; elles l'admirèrent d'autant plus, qu'on leur avait dit qu'*Haly* était un des plus beaux hommes de l'empire.

Vers la douzième heure du jour, *Haly* retournait à son hôtel, suivi d'un seul esclave; il était dans une rue détournée, lorsqu'il aperçut un homme qui se défendait contre quatre voleurs, mais ses forces commençaient à s'épuiser; il allait succomber, lorsqu'*Haly*, le sabre à la main, vola à son secours; c'était *Cosron*, les voleurs ne résistèrent point, ils prirent la fuite, et *Haly* eut le bonheur de sauver la vie de son ami.

Le calife, le reis-effendi et tout Damas, surent encore cet événement.

Haly fut présenté au calife avant la prière du soir; le commandeur des croyans fut enchanté de son esprit, de sa belle ame, de sa bravoure ; il lui dit : j'aime votre père, vous êtes un fils digne de lui ; je veux vous récompenser l'un et l'autre ; je vous fais mon premier écuyer, et demain vous épouserez *Charme-des-Yeux*, ma sœur.

Le père et le fils se prosternèrent ; l'heure de la prière étant venue, ils se retirèrent.

En allant à la mosquée, *Haly* se disait : divin prophête, tu me combles de tes faveurs, rien n'égale ma félicité ; mon ami m'aime tendrement, je suis chéri de ma maîtresse ; le calife m'a fait son premier écuyer ; demain j'épouse *Charme-des-Yeux* : ô Mahomet ! que de graces je dois te rendre ! Un derviche interrompit ces douces réflexions, en lui demandant l'aumône ; le fils du ministre lui donna deux sequins : jeune homme, lui dit le derviche ; la bonté de ton ame est connue de dieu, le divin prophête te protège, et demain tu seras dans la route du bonheur.

La prière étant finie, le reis-effendi et son fils retournèrent dans leur hôtel, afin d'ordonner les préparatifs pour les nôces du lendemain. A minuit, le jeune *Haly* courut à sa petite maison, informe la jeune grecque de son bonheur. Il était d'usage, au tems du calife *Mahmoud*, de faire part d'un hymen avantageux à sa maîtresse ; la fortune de l'amant faisait la félicité de l'amante.

Le chef des cuisines du commandeur des croyans était jaloux de la place, de la faveur et des richesses de reis-effendi ; le mariage d'*Haly* avec la sultane *Charme-des-Yeux*, augmenta sa jalousie et sa haine ; il cachait tous ces sentimens dans les replis de son cœur :

le cœur des courtisans est, comme l'on sait, plus ténébreux que la lune, alors qu'une éclipse nous dérobe sa pâle lumière.

Le calife, au coucher du soleil, déposait ordinairement l'éclat resplendissant qui jaillit du trône ; il oubliait le rang suprême, afin de jouir des douceurs de l'égalité ; il laissait reposer la loi du saint prophête , et savourait à longs traits cette liqueur enchanteresse qui console le pauvre et le met au niveau du riche. Le sultan satisfait de l'hymen projetté , content d'avoir fait un action juste, en récompensant le mérite d'un sujet vertueux , voulut se livrer à sa gaieté naturelle , et l'augmenter par le jus que produit l'arbrisseau de Noë. Le chef des cuisines était présent à l'orgie du sublime sultan ; le vin développe les caractères, celui de *Mahmoud* était la bonté, la justice ; mais il était violent et sujet à la prévention. Les dicours, pendant cette fête intérieure, changèrent souvent d'objet ; l'on parla chevaux, le commandeur des croyans vanta beaucoup les qualités d'un coursier qu'il avait dressé lui-même, et que l'on nommait Lafoudre. Le chef des cuisines enchérit sur les louanges que lui donnait le sultan ; cependant, seigneur, on lui trouve des défauts ; *Haly* prétend qu'il a les oreilles trop longues et la queue trop courte : il n'est pas possible, reprit le calife, qu'*Haly*, qui a du mérite, ait dit une telle absurdité. Quelques bachas, tous ennemis du reis-effendi, *Cosron* lui-même affirmèrent qu'*Haly* pensait ainsi de l'auguste cheval. *Mahmoud* refusait de croire qu'un bon croyant, qu'un sujet fidèle pût trouver des défauts à sa monture ; il ordonna que l'on fît venir *Haly* sur-le-champ : c'est là ce que demandaient les courtisans ; ils connaissaient la véracité de ce jeune homme auquel les réflexions sur le coursier étaient véritablement échappées.

Haly parut devant *Mahmoud*, qui lui demanda s'il était vrai que *Lafoudre*, son noble coursier , eût les oreilles trop longues et la queue trop courte : cela m'a paru ainsi , répondit très-naïvement le fils du reis-effendi ; telle que l'eau resserrée dans un tube , s'échappe et s'élance dans les airs , de même la colère du calife devint d'autant plus vive , qu'elle avait été contenue pendant quelque tems ; il chassa de la salle honteusement *Haly* , il ordonna de l'arrêter , et à un officier subalterne de le conduire dans l'isle des Anes , et de

l'y

l'y laisser pendant deux ans. Il envoya chercher en même tems le reis-Effendi, et lui demanda s'il croyait que *Lafoudre* eût les oreilles trop longues et la queue trop courte. — Qui pourroit ainsi calomnier l'animal divin que monte le père des croyans , répondit le vieux minsitre ? jamais cheval n'eut l'oreille si petite, si bien faite, la queue plus fournie , plus en trompe, plus analogue à la croupe , et la sienne est céleste. — Votre fils prétend le contraire. — O Mahomet , mon fils aurait dit une sottise pareille! il faut que la tête lui ait tourné. — Je le pense de même , et je l'ai relégué pour deux ans dans l'isle des Anes. — Le reis-effendi répliqua , en se prosternant : magnanime calife , vous êtes toujours clément et juste; alors le sultan se retira , et tous les courtisans quittèrent le palais.

N

Cependant l'on entraînait *Haly* ; il rencontra aux portes de Damas le derviche qui avait reçu de lui la veille deux sequins, et qui lui demanda encore l'aumône, hélas ! lui dit *Haly*, je n'ai plus rien à vous donner, ma fortune a disparu ; riche hier, pauvre aujourd'hui, que vos prophéties sont fausses ! — Jeune homme, reprit le derviche, ton menton n'est point encore orné de la barbe, et tu décides, tu tranches. N'as-tu jamais vu, alors que le soleil est au signe du chien, la chaleur accabler les mortels répandus sur la surface des guérets, un nuage paraître, le tonnerre gronder au loin, les cataractes du ciel s'ouvrir, l'éclair briller, la foudre partir et s'élancer : chacun tremble ; mais bientôt l'arc brillant se montre au haut du ciel, l'air est rafraîchi ; le voyageur respire, les.

oiseaux chantent plus tendrement, l[e]
moissonneur reprend courage ; tou[s]
bénissent l'ouragan qui leur avait caus[é]
tant d'effroi. Sois donc soumis au Die[u]
créateur de l'univers, ses décrets son[t]
impénétrables ; *il n'y a d'autre Dieu*
que Dieu et Mahomet son prophête.
Vas, et ne murmure point contre l[a]
divine providence.

Le lendemain, tout Damas fut ins[-]
truit de la disgrace d'*Haly* ; ses créa[n-]
ciers, qui n'étaient pas en petit nom[-]
bre, vinrent trouver le reis-effendi. L[e]
ministre leur dit : je vous abandonn[e]
la petite maison, les esclaves, les équi[-]
pages, les chevaux de mon fils, je sou[-]
haite que cela suffise pour votre paie[-]
ment, et il congédia cette grande troup[e.]

La charmante *Philologous* fut men[ée]
au caravensérail, et le crieur public l[a]
proclamait à cent sequins, lorsque [l]

calife passa ; frappé de la beauté de. la jeune grecque , il mit une enchère ; personne n'osa la surpasser , et il fit conduire la nouvelle esclave dans son sérail.

Philologous, dans le sérail du sultan , devint bientôt l'amie de *Charme-des-Yeux*, et favorite de *Mahmoud*.

Le goût le plus vif du commandeur des croyans , après le vin , était la chasse. *Philologous* montrait une envie passionnée de partager les plaisirs et les fatigues de cet amusement ; elle ne portait plus de babouches , mais des brodequins ; au lieu de l'éguille d'or qui relevait sa longue chevelure, un mouchoir noué en forme de turban , lui donnait l'air de la déesse que les idolâtres croyaient présider au noble délassement des monarques. Elle avait tant de charmes , vêtue en chasseresse, que le calife voulut bien, en sa faveur, rompre les lois austères du sérail, qui ne permettent à personne de sortir : elle suivait donc le sultan à la chasse ; elle montait un coursier avec une audace, une adresse, une grace, qui achevèrent de rendre *Mahmoud* le plus passionné des hommes. Un jour qu'uils suivaient un cerf, le calife dit à *Philologous* : l'on m'a dit tant de bien, tant de mal d'*Haly*, que je ne sais quel jugement porter : vous l'avez connu, qu'en pensez-vous? — C'est un homme d'esprit. — Je n'en crois rien, reprit le sultan, il a eu la sottise de me dire à moi-même que *Lafoudre* avait les oreilles trop longues et la queue trop courte. — Eh mais, dit *Philologous*, il n'avait pas tant de tort ; car, sauf le respect que l'on doit toujours à la monture d'un souverain, votre cheval a

N 3

réellement ce petit défaut. Comparez les courtes oreilles et le front allongé de celui que je monte, et jugez. Le cheval que vous m'avez donné, est bien plus beau que *Lafoudre*, con-venez-en, mon aimable calife ; *Haly* n'a fait d'autre sottise que celle de vous contrarier.

Le calife avoua que l'exilé pouvait avoir raison, tant nos jugemens sont dissemblables : ils ressemblent à la girouette qui, sur le haut des minarets, tourne au gré des airs ; et le sultan revint dans son palais, plus épris en-core de la beauté, des graces de *Philo-logous*, et moins prévenu contre le fils de son ministre : voilà le pouvoir d'une jolie femme.

Cependant *Haly* était tristement sur la route de l'isle des Anes, lorsqu'il fut rencontré par une troupe d'Arabes,

Bédouins, qui menèrent conducteurs et prisonniers en Perse, et les exposèrent en vente : *Haly* fut acheté par un persan, d'une famille noble, et qui descendait de *Zoroastre*.

Kouli-Egli, c'est le nom du persan, était un homme à la fleur de l'âge, philosophe, prudent, économe, ne faisant aucune action sans motif, calculant la suite de la moindre démarche, un modèle de prévoyance ; enfin, au demeurant, très-éclairé, cultivant les lettres avec succès, et faisant grand cas de l'amitié. *Schaverson* était l'ami de son cœur, quoi-d'un caractère opposé : l'ame également belle, il ne comptait pas sur la vaine prévoyance des hommes, il laissait faire le hasard, effleurait tout, ne faisait cas de rien, excepté de l'amitié.

Haly devint bientôt cher à son maître ; sa douceur , l'air noble de son maintien, l'empreinte du chagrin que lui donnait sa captivité, le rendaient plus aimable encore. *Kouli - Egli*, pour lui adoucir les maux de l'esclavage, le fit son chasse-mouche. Cet emploi peu fatigant le tenait toute la journee auprès de son patron , et il était témoin des petites contestations qu'avaient les deux amis : l'un prétendait que la prévoyance était d'une nécessité absolue pour être heureux, l'autre soutenait que le hasard faisait tout.

Rien n'est si beau, assurément, rien n'est si s btil, rien ne donne autant de ressort à l'esprit, que la métaphysique ; cette science fait à l'ame, ce qu'une pierre fait à l'acier ; elle éguise, elle donne le tranchant à notre intelligence ; l'on voit tout en dieu , l'on se croit une portion de l'Etre - Supréme, et le

célebre Iman , qui recherchait la vérité
était , comme les doctes le savent , un
homme fort aimaible et très — gai. Honneur à la métaphysique.

Si notre ame a besoin de s'exercer ,
si elle est un feu qu'il faut nourrir ,
comme le disoit le poëte *Saady* , avant
un autre poëte qui l'égale au moins ,
il en est de même du corps ; il lui faut
donner des alimens. Si la foule de nos
connaissances , si l'imagination trop
exaltée , nous fait quelquefois mal raisonner, il en est ainsi du corps : trop
de nourriture l'incommode ; si l'on boit
trop, l'on s'enivre , et c'est ce qui ar-
rivait assez fréquemment à nos philosophes : lorsque le vin de Chiras , bu
avec profusion, ajoutait un dégré à
leur vivacité , ce n'était plus des hommes sages, c'était des enfans ; mais
toujours attachés à la nature , ils con-

trefaisaient, étant ivres, le cri de dif-
férens animaux ; *Haly* excellait à imiter les miaulemens d'une chatte que le
besoin d'aimer anime et transporte.

Nos philosophes et leur esclave avaient
passé un an à peu-près à raisonner, à
braire, à boire, à mugir et à miauler, lorsqu'un événement de la plus
grande importance suspendit l'unifor-
mité de leurs occupations : voici l'af-
faire sérieuse qui faisait fermenter les
têtes savantes et ignorantes du grand
empire de Perse.

Le sublime sophi protégeait les arts,
et récompensait magnifiquement les
artistes. Le blanchisseur de la cour, le
célèbre Kaliskier, dont la découverte
et le nom seront immortels, souffla par
hasard dans un tuyau de paille ; il en
sortit un globule qui s'éleva dans les
airs. Toute la Perse cria au miracle,

chacun prit de la paille, du savon, et peupla l'atmosphère de nouveaux habitans. Le généreux monarque éleva Kaliskier au rang des bachas, et lui donna deux mille sequins de revenu.

Kouli-Egli, *Shcaversou* et le chasse-mouche, qui étoient philosophes, souflèrent comme les autres, et beaucoup mieux. *Haly* prit un jour un bâton de *bambou*, le creusa, le trempa dans une chaudière remplie d'eau de savon ; il sut si bien ménager son soufle, qu'il produisit un globe de cent pieds de diamètre ; ce globe s'éleva majestueusement ; le soleil, par ses rayons, l'embellit de mille couleurs ; tout Hispahan fut dans l'admiration. Le sophi ayant su quel était l'auteur du superbe globe, fit venir *Haly*, le tira d'esclavage, et lui fit compter quatre mille sequins.

Le fils du reis-effendi devenu libre, avant de retourner à Damas, voulut donner à souper à son ancien maître; l'ami *Schaversou* ne fut pas oublié, et il leur raconta, en soupant, comme quoi il avait plu au calife *Mahmoud*; comme quoi, ayant dit que le cheval du sultan avait les oreilles trop longues et la queue trop courte, il avait été condamné à passer deux ans dans l'isle des Anes; comme quoi il avait été fait prisonnier, esclave, et enfin, ajouta-t-il, vous savez comment j'ai récouvert ma liberté; et *Shcaversou* trouva dans ce récit, des preuves nouvelles que le hasard fait tout.

Le souper fut long; nos philosophes raisonnèrent beaucoup, burent davantage, et le soleil appelait les fidèles à la seconde prière, ils étaient encore à table; à la vérité ils ne raisonnaient plus.

Le

Le crieur public passa, et fit l'annonce suivante : De par le grand sophi , frère du soleil, cousin de la lune , allié de l'ourse , du chien et des autres étoiles ; rose de joie , muscade de consolation ; savoir faisons que *Kesri* , le plus beau des chats possibles , s'est égaré cette nuit , et que quiconque le rapportera au sophi , sera fait visir , et aura six mille sequins d'or. *Haly*, la tête échauffée par le vin, appela le crieur et lui dit que dès le soir même , il remettrait *Kesri* aux pieds du trône.

Le crieur se retira , et rendit compte de la promesse d'*Haly*. Tous les physiciens avaient été jaloux , comme de raison , du succès qu'avait eu le globe lancé dans les airs , et par qui encore ; par un vil esclave , par un inconnu. Ils remontrèrent philosophiquement au sophi , que cet *Haly* avait certainement

O

volé le magnifique chat, soit pour en avoir la peau, soit pour obtenir une récompense. Le bon monarque crut messieurs les savans, et comme il aimait beaucoup son chat, il envoya chercher sur-le-champ *Haly*. Celui-ci dormait profondément ; on le réveilla ; il avait oublié l'annonce, le crieur et sa promesse. Il alla se rendre aux ordres du sophi qui lui demanda d'un air courroucé, pourquoi il avait osé prendre *Kesri*, ce qu'il en avait fait, et où il était. *Haly* répondit humblement qu'il n'avait pas l'honneur de connaître *Kesri*. — Malheureux, dit le sultan, si tu ne me rends tout-à-l'heure mon chat, tu seras empalé. — Votre chat, sublime sophi ? — Oui, scélérat. — Est-il mâle, ou femelle ? — Tu sais bien, infâme, que c'est le plus beau matou de l'univers. — Commandez,

seigneur, que l'on ouvre les fenêtres ;
et lorsqu'elles furent ouvertes, *Haly* se
mit à miauler si tendrement qu'une
vingtaine de chats, à la tête desquels
était *Kesri*, accoururent sur les gou-
tières ; mais le seul favori du sophi osa
s'élancer dans l'appartement. La manière dont *Kesri* se montra, était la
preuve qu'il n'avait point été volé ; le
souverain de Perse était le plus juste des
princes ; afin de réparer le soupçon
injurieux qu'il avait eu, il fit compter
douze mille sequins, au lieu de six, et
nomma visir de la première classe,
Haly. Tandis qu'on le revêtissait des
marques de sa nouvelle dignité, il se
disait : devant les souverains, il est bon
quelquefois de faire la bête.

La nouvelle place d'*Haly* l'empêcha
de retourner à Damas. Les deux années
de son exil n'étaient point d'ailleurs

encore finies ; il résolut d'assister ré-
gulièrement aux divans, de faire sa
cour au sophi , de voir souvent les
philosophes *Kouli-Egli* et *Schaversou*,
d'employer le reste de son tems à com-
poser des vers en l'honneur des belles
Philologous et *Charme-des-Yeux* ,
qu'il n'avait pas plus oubliées que
son ami *Cosron*.

Haly déployait dans les conseils de
si grandes vues , montrait un esprit si
juste, que le Sophi le nomma grand-
visir. Cette place donnait l'administra-
tion de toutes les affaires du royaume ;
le fils du reis-effendi ne fut point ef-
frayé de la déprédation générale ; il
n'osa d'abord attaquer les *Imans* , qui
jouissaient d'une grande partie des terres
de l'empire , qui recevaient une foule
de dons des fidèles musulmans, et ne
payaient qu'un léger tribut ; encore

prétendaient-ils le donner gratuite-
ment. Afin d'acquérir du crédit et d'é-
tablir sa réputation, *Haly* commença
par réformer des abus dont tout le
monde se plaignait, mais auxquels les
sultanes, le mouphti et les grands ne
prenaient aucune part, parce qu'ils n'y
trouvaient aucun profit. Il y avait, par
exemple, à *Ezeron*, un collège où
l'on comptait dix mille étudians en médecine ; il supprima le collège ; dans
le préambule de suppression, il faisait
parler le sophi en ces termes : De notre
immense savoir, pleine puissance, et
grandes lumières, connaissances mul-
tipliées, voulons, nous fait plaisir, et
nous est agréable, de supprimer et
anéantir le collége d'*Ezeron*, parce
que dix mille de nos sujets se proposent
d'exercer la profession de la médecine ;
or ce serait un grand, et très-grand

malheur, s'il se trouvait de quoi employer leurs talens ; nous espérons de la divine providence, et des saints prophêtes *Mahomet* et *Ali* ( ) e les sujets soumis à notre domination, n'auront jamais besoin de dix mille médecins ; que si nos vœux sont accomplis, voilà dix mille personnes qui exercent une profession inutile. Toute la Perse lut avec plaisir l'édit, et vanta le génie du grand-visir.

L'empire était divisé en quarante provinces; chaque province avait douze, quinze, vingt trésoriers chez lesquels on déposait l'impôt; les trésoriers faisaient conduire les sommes levées sur le peuple, chez le trésorier général à Ispahan, après toutefois en avoir retenu

____

(1) Les persans honorent Ali autant que Mahomet, et c'est ce qui les fait appeler par les turcs, têtes rouges, comme les chrétiens disent huguenots, jansénistes, etc.

une grande partie ; le trésorier général prenait une forte portion sur sa caisse, et la vuidait ensuite chez le grand trésorier, et enfin, le grand trésorier, prenant aussi quelque chose, comptait directement au sophi. L'habile ministre supprima (1) tous ces trésoriers, et les revenus du prince furent augmentés, les peuples moins foulés, les pensions des sultanes mieux payées, et le visir était chéri des persans, aimé du sophi, et *Kouli-Egli* disait à *Schaversou*: notre ami serait-il tant honoré, les affaires iroient-elles aussi bien, s'il n'avait pas de la prévoyance et une

____

(1) Plusieurs savans bénédictins m'ont assuré que le ministre dont il est question ici, vivait en Perse, du tems que Gérard de la Guette était sur-intendant des finances sous Philippe-le-Long. Cette honnête personne fit une pareille opération en France, l'an 1321. Il fut pendu en 1322, pour récompense de ses services. Dans l'état despotique des persans, le ministre du sophi fut plus heureux.

bonne conduite ; le hasard ne fait donc pas tout.

Haly assuré de la confiance du sophi, de l'estime des peuples, allait exécuter son projet de rendre les *Imans* citoyens, de leur ôter cette grande opulence, objet de scandale pour les vrais musulmans, et d'oppression pour les peuples ; tout occupé de son plan, il entra chez le sophi; malheureusement il marcha sur la pate d'une petite chienne pour laquelle le souverain avait la plus grande tendresse ; la chienne poussa des cris lamentables, le sophi, outré de colère, fit sortir *Haly* de l'appartement, prit la chienne entre ses bras ; elle avait la patte cassée ; le visir perdit sa place, les trésoriers triomphèrent, les *Imans* conservèrent leurs biens, les peuples furent oppressés davantage, et *Shcaversou* disait à *Kouli-Egli* chat éleva notre ami à la dignité de visir, une chienne a détruit sa fortune et le bonheur des peuples, le hasard fait donc tout.

J'ai dit que le sophi était juste ; malgré les calomnies des gens du trésor, il était bien convaincu du mérite de son ministre ; mais sa chienne boitait, et il ne pouvait vaincre l'aversion qu'il avait conçue contre son grand visir ; il résolut d'employer ses talens loin de sa cour, et le nomma ambassadeur près de *Mahmoud* ; il voulait établir un commerce suivi entre ses peuples et ceux du soudan de Damas.

Haly, qui ne soupirait qu'après ce qui pouvait le rapprocher de *Philologous* et de *Charme-des-Yeux*, accepta l'ambassade avec jolie ; il proposa à ses deux amis de le suivre : nos philosophes ne le refusèrent point, et sur la route de Damas, ils disputaient toujours sur la prévoyance et le hasard ; *Haly* leur disait : je crois que le hasard a la plus grande influence sur les événemens de notre vie ; mais je crois aussi que la bonne conduite ou la prévoyance, diminue les chances du malheur, sans cependant l'anéantir tout-à-fait, et par la raison inverse, augmente celle du bonheur, sans cependant le faire naître ; en discourant ainsi, ils arrivèrent à la capitale des états du calife. La réputation de l'ambassadeur l'avait précédé, et il fut reçu de *Mahmoud* avec les marques de l'estime et de l'amitié la plus vive.

Haly apprit que son père ne vivait plus ; *Cosron*, son ancien ami, lui avait succédé dans la place de reis-effendi ; que *Philologous* était sultane favorite, et que *Charme-des-Yeux* n'avait pas encore d'époux. Je ne m'étonne point, se disait-il, si le calife m'a si bien reçu, *Cosron* a détruit les effets de la prévention que mon imprudente franchise sur le cheval du soudan, avait fait naître : mais *Philologous*, sultane favorite..... cela me passe : l'ingrate, qui m'avait juré un amour éternel, sultane favorite..... comptez sur les femmes, sur leurs paroles, sur leur constance....... *Charme-des-Yeux* m'a sans doute aussi oublié. Et le sexe charmant qui fait la félicité et le malheur de notre vie, était étrangement maltraité dans le soliloque de l'ambassadeur. Il fut interrompu dans ses réflexions par la visite de *Cosron*; ils s'embrassèrent tendrement : *H. ly* allait lui raconter toutes ses aventures, lorsqu'un messager vint lui dire de se rendre auprès du calife qui le demandait.

Mahmoud le reçut dans un appar-tement reculé : *Haly*, lui dit-il, vous aviez raison, quand vous prétendiez que mon cheval, *Lafoudre*, avait les oreilles trop longues et la queue trop courte, *Philologous* me l'a prouvé ; mais vos ennemis, dont le plus grand est sans doute *Cosron*, m'avaient prévenu contre vous. — *Cosron*, seigneur, s'écria *Haly* ! — Ne m'interrompez pas, mon cher, répondit le calife, *Cosron* était votre ennemi ; à force de ruses et de brigues, il a remplacé votre père, qui joignait à beaucoup de pru-dence, un vaste génie et d'excellentes vues ; je ne vois personne dans mes états, plus digne de lui succéder que vous ; je sais les grandes choses que vous avez faites en Perse ; vous êtes ambassadeur du sophi : j'accepte, par

rapport

rapport à vous, le traité qu'il me pro-
pose ; vous n'êtes point né son sujet :
voyez si vous voulez occuper les em-
plois qu'avait feu votre père ; *Charme-
des-Yeux* sera votre épouse, elle est
ma sœur, je suis sans enfans, vieux,
infirme, vous pouvez tout espérer. Je
n'ignore pas votre tendresse pour *Philologous*, je viens de lui donner la
liberté ; elle sera votre amie et la
mienne : vous pouvez maintenant parler.
Haly se jetta aux pieds du calife : disposez, lui dit-il, disposez, seignenr, de ma
vie ; pourrait-elle payer vos bienfaits ;
le plus grand, sans doute, est le don
de *Charme-des-Yeux*, et la liberté de
Philologous ; je pardonne à *Cosron* ;
daignez, père des croyans, étendre
sur lui votre miséricorde, et que votre
volonté s'exécute dans tous les points.
Le calife l'embrassa ; il fit paraître

P

Charme-des-Yeux et *Philologous.*
Je n'entreprendrai point de vous peindre
la joie de ces trois personnes , elle était
semblable à celle dont les fidèles musulmans jouissent dans le séjour des
saints prophêtes , et par conséquent
au-dessus de nos faibles expressions. Le
calife enchanté , soupa avec eux , et
décida que le lendemain serait le jour
de l'hymen d'*Haly* , et de son instal-
lation à la place de reis-effendi ; et
l'heureux ambassadeur se disait : l'on
n'oublie jamais ses premières amours ;
mais il n'en est pas ainsi des premières
amitiés.

L'aurore dorait à peine la pointe des
minarets , qu'*Haly* envoya chercher
Kouli-Egli et *Schaversou* ; il leur fit
part de son bonheur , et les invita de
demeurer auprès de lui : les philosophes
sont cosmopolites , et nos deux amis

restèrent auprès du nouveau reis-effendi, qui dépêcha un courrier au sophi, pour l'informer de la ratification du traité, et des raisons du nouvel établissement qu'il formait.

La première heure de la prière ayant sonné, le calife, accompagné de *Charme-des-Yeux*, d'*Haly* et d'une suite nombreuse, se rendit à la mosquée. Les deux amans furent unis, et de retour au palais, le commandeur des croyans déclara son beau-frère reis-effendi; à la prière du nouveau ministre, *Cosron* fut envoyé en ambassade près le sophi.

Haly s'occupa du bonheur des peuples, secondé par ses deux amis; il rédigea un code de lois qui subsistera jusqu'au moment où l'éternel détruira l'univers, et jugera ses habitans.

L'ange de la mort se présenta au

calife, trois ans après ces événemens; *Haly* fut proclamé commandeur des croyans : il monta sur le trône avec l'approbation des grands et du peuple ; il partageait le tems que lui laissaient les soins de l'empire, entre *Charme-des-Yeux*, *Philologous*, *Kouli-Egli* et *Schaversou*, qu'il avait fait ses ministres.

Le jour qu'il fut couronné, le derviche auquel il avait donné l'aumône la veille de son exil pour l'isle des Anes, se montra et lui dit : père des croyans, Dieu et son prophête t'ont donné ce grand royaume, et pour te rendre digne de commander, ils t'ont fait connaître l'infortune, la meilleure et la plus utile des leçons que puissent recevoir les souverains, afin qu'ils n'oublient jamais qu'ils sont hommes. Rien ne se fait au hazard ;

c'est Dieu qui conduit tout. Après ces paroles, le derviche s'éclipsa dans la foule, on le chercha en vain, il ne parut plus. *Kouli-Egli*, *Schaversou* étaient philosophes, et les apophthègmes d'un derviche ont peu de poids auprès des philosophes ; mais le calife leur disait : mes amis, conduisons - nous comme si la prudence suffisait, et soyons préparés à tous les effets possibles du hazard.

———

LE CONSOMMÉ,

CONTE.

J'AI célébré les belles et l'amour ;
De ce dernier j'ai chanté plus d'un tour,
Sans toutefois que ma décente muse
Ait fait rougir la beauté qui s'amuse
De mes écrits. Par quel hasard fatal
M'ordonnez-vous que d'un soldat brutal,
Mais beau, charmant, hardi dans les ruelles,
Chéri de Mars, adoré de nos belles,
J'aille conter le triomphe impudent :
Vous le voulez ; si d'un mot indécent,
Belle Sophie, votre oreille est blessée,
N'en soyez point contre moi courroucée.

Un grenadier qu'on appelait Lafleur,
Fut d'un billet le fortuné porteur ;
Ce doux écrit exprimait la tendresse
De son major pour Madame d'Aldesse :
Il attendait l'instant du petit jour ;
Madame sonne, et Zerbinette accourt,

Portant en main une large écuelle
Dont le contour doré , brillant recelle
Un consommé ; sa suave vapeur
Frappe le nez du grenadier Lafleur ,
Qui remettant la missive à Zerbine ,
Lui dit ces mots : ma soubrette divine ,
Si j'avalais un semblable bouillon ,
Par là corbleu , je veux être un tocson ,
Si je ne vous..... faisais six fois de suite ,
Vous m'entendez. Zerbinette interdite
Prend le billet , s'échappe en marmottant :
Fi donc, monsieur, rien n'est plus insolent
Que vos discours ; puis vole à sa maîtresse.
Quel bruit, mon dieu ! dit madame d'Aldesse ,
Ai-je entendu ? — C'est monsieur de Lafleur ;
Mais vous boudez, vous avez de l'humeur ;
Qué disait-il ? — Ce billet, — d'autre chose
Il vous parlait, je veux savoir ; — Je n'ose.—
Zerbine enfin, Zerbine répéta
En termes clairs , le propos du soldat. —
Oh, oh ! six fois, la chose est un peu forte ;
Mademoiselle , ouvrez-lui cette porte ,
Que je lui parle ; et voilà mons Lafleur
Auprès du lit. Alors avec douceur :
Est-il bien vrai , lui dit notre madame ,

Qu'un consommé vous rendrait tout de flame !
Ce que je dis, madame, je le fais. —
Mon cher ami, ton audace me plaît ;
Prens ce bouillon : — Zerbine qu'on se taise.
Allez, madame, et soyez à votre aise,
Et sur ma langue, et sur tous vos secrets,
Je ne vois rien, et ne parle jamais.

Rideaux tirés, et la porte fermée,
Madame enfin six fois s'étant pâmée,
Offre en riant un second consommé :
Lafleur l'accepte, et juste à point nommé,
Sans gasconade, acquitte sa promesse.
Lors tout en feu, l'amoureuse d'Aldesse
Voudrait tâter d'un nouveau restaurant ;
Ah ! c'en est trop, lui répond en jurant
Le grenadier que ce desir irrite :
Parbleu, mon V... n'est pas une marmite.